旅行社岗位培训系列丛书
总主编　曹戈

旅游金融专家

马洪亮　主编

北京·旅游教育出版社

责任编辑：郭珍宏

图书在版编目(CIP)数据

旅游金融专家／马洪亮主编．－－北京：旅游教育出版社，2017.3
ISBN 978-7-5637-3555-6

Ⅰ．①旅…　Ⅱ．①马…　Ⅲ．①旅游—金融支持　Ⅳ．①F59②F830.1

中国版本图书馆 CIP 数据核字（2017）第 074981 号

旅游金融专家

马洪亮　主编

出版单位	旅游教育出版社
地　　址	北京市朝阳区定福庄南里1号
邮　　编	100024
发行电话	(010)65778403 65728372 65767462(传真)
本社网址	www.tepcb.com
E-mail	tepfx@163.com
排版单位	北京旅教文化传播有限公司
印刷单位	北京艺堂印刷有限公司
经销单位	新华书店
开　　本	880 毫米×1230 毫米　1/32
印　　张	8.5
字　　数	166 千字
版　　次	2017 年 3 月第 1 版
印　　次	2017 年 3 月第 1 次印刷
定　　价	68.00 元

（图书如有装订差错请与发行部联系）

《旅游金融专家》编委会

主　　　编　马洪亮

执 行 主 编　李　岷

编委会委员　盛　越　刘金鹏　刘　疆
　　　　　　陈　羽　李希仁　李　爽
　　　　　　董宏岩

《旅游金融专家》
——中国旅游业的新千亿机会

游庆冀　元钛长青基金合伙人

认识溢美金融的马洪亮先生是2016年3月的一个旅游行业年度峰会上，我们作为一组嘉宾讨论旅游行业投资和金融的一些话题，当时对他留下了深刻的印象：热忱和执着（日后他也笑称对我的印象是真知和敢言）。那之后一段时间，我在产业链研究和价值投资的逻辑驱动下，拜访了数百家旅游企业，其中有创业公司、组团社、包机商、专线批发商、地接社和小型OTA等。令我惊奇的是，不少公司都已经是溢美的客户了，此后的故事就是一个典型的莫逆之交的范本。

然而，他要我为他的新作写点什么，大概除了我身在旅游投资领域，更多因为我对旅游供应链金融以及消费金融同样抱有巨大的市场期望。我知道洪亮心中的创业对标公司是美国运通（AE），中国大概没有几个人对AE的研究和学习如他一般痴迷，把供应链金融和消费金融做到融合的中国创业公司寥寥无几，我相信只有垂直领域有这样的机会，旅游业一定是最初可以完成实践的垂直行业之一，而溢美已经是屹立潮头的佼佼者了。

碰巧的是接到洪亮邀请的当天，我正在洛杉矶与一些当地旅游从业者讨论几个热点话题，境外业者提及最多的是对前几年旅游创业和投资双泡沫的不解以及对B2B平台几近集体性崩塌的唏嘘。旅游创业和投资去泡沫化是正向的修补行业生态的过程,对真正在解决客户问题和脚踏实地的创业者只会更好,资本的集聚效应会加大。旅游B2B平台可以出现和发展是因为部分解决了传统的旅游供应链分散和低效的问题,但最终遭遇瓶颈的根本原因是过度利用了金融工具(账期、补贴和授信),而不是重点解决上下游的痛点。正解是B2B平台去解决供应链问题,而把金融的应用交给第三方独立公司,这样回归各自本源对于恢复供应商和采购商的信心才有帮助。还有一类我反对的"伪供应链金融",个别接近消费者的旅游企业利用自身的流量垄断或优势地位一方面占压供应商或者其他参与者的资金,另一方面用原本应该支付的货款或从银行获得的低利率资金,反过来以"供应链金融"的名义融资给被占压资金的中小企业,这是一种建立在损坏整体供应链环境上的行为,违背了供应链金融的本来含义。

　　依赖个人信贷进行消费或提前消费人群的兴起是中国消费者结构发生改变的必然结果,虽然由于监管措施滞后导致了各种社会问题,但不可否认消费意识的觉醒已经是不可逆转的洪流。对于旅游产业而言,旅游保险集成和服务商和旅游消费信贷服务商的创业机会真正来到了,而这类消费金融产品也有机会成为旅行灵感激发的手段。

　　然而,无论是面向旅游供应链还是旅游消费者,金融科技(Fintech)一定是其中不可或缺的力量,我认为未来区块链技术在其中将扮演重要的角色。比如在供应链金融链条中,上下游企业的信息流、库存动态、资金流信息的整合至关重要,但目前各企业维护自己的数据信息,信息孤岛增大了整合的难度。而区块链技术将每个交易方变成网络中的一个节点,企业的各项资产、服务和产品以数字化的形式在网络中体现,任一节点间的交易都会被全网认定。同时,区块链保证交易信息不可篡改。

《旅游金融专家》一书第一次全面且系统地对旅游行业中各类企业可能面临的金融问题做了阐述,同时提供了详实的分析和解决问题的思路,可以说一书在手,方案全有,相信广大旅游企业可以从中收获良多。

目 录

第一章 全域旅游时代的旅游金融 ……………………… 1
一、旅游金融是旅游产业发展的必然需求……………… 1
二、旅游金融促进旅游企业发展要素资本化…………… 5
三、旅游金融帮助旅游企业通过产业链管理获得资本
　　助力 ……………………………………………………… 7
四、案例:旅游金融新势力
　　——溢美金融 ………………………………………… 8

第二章 旅游融投资市场 ……………………………… 14
一、旅游产业融投资现状 ………………………………… 14
二、旅游产业融投资的问题和成因 ……………………… 43
三、旅游产业融投资发展路径 …………………………… 50
四、案例:景区融投资 …………………………………… 57

第三章 旅游金融市场 ………………………………… 63
一、旅游金融市场的界定 ………………………………… 63
二、旅游金融市场及其构成:平台提供商、交易风险
　　管理者和风险承担者 ………………………………… 66
三、旅游金融的基本业务形态 …………………………… 67
四、旅游金融的资金来源与走向 ………………………… 79

五、案例：溢美金融

　　　　——解决中小旅游企业资金荒……………… 86

　　六、案例：途牛旅游网的旅游金融业务……………… 94

第四章　互联网领域的旅游金融创新……………… 98

　　一、互联网领域的旅游金融发展历程 ……………… 98

　　二、互联网旅游金融产生的原因……………… 100

　　三、互联网旅游金融现状……………… 101

　　四、互联网旅游金融即将进入加速发展期……………… 106

　　五、互联网旅游与金融的实操路径：纵向四流合一，

　　　　横向六大产品……………… 108

　　六、基于互联网的企业商旅金融

　　　　——以溢美金融为例……………… 120

　　七、案例：腾邦与途牛的旅游金融实践 ……………… 134

第五章　旅游金融风险管控……………… 143

　　一、旅游金融风险管控的定义和内容……………… 143

　　二、旅游金融信用风险管理……………… 146

　　三、旅游金融操作风险管理……………… 166

　　四、旅游金融法律风险管理……………… 174

　　五、旅游金融风险管理的两个重要手段：现金流控制

　　　　和结构性授信安排……………… 176

　　六、旅游金融风险的管控实操……………… 185

第六章　旅游企业融资能力建设……………… 203

　　一、旅游企业融资决策的内容和任务……………… 203

　　二、旅游企业融资决策的程序……………… 203

三、旅游企业融资决策的原则 …………………… 206
四、旅游企业融资的沟通与谈判 ………………… 208
五、旅游企业融资能力的提升 …………………… 210
六、旅游企业融资风险管理 ……………………… 220
七、案例：旅游企业融资申请材料范本 ………… 227

第七章　全球旅游金融典范
——美国运通 ……………………………………… 233
一、发展历程 ……………………………………… 233
二、产品策略 ……………………………………… 236
三、市场策略 ……………………………………… 238
四、核心发展战略 ………………………………… 241

附录　《首席财务官》杂志专访
——溢美金融 CEO 马洪亮 ……………………… 247

参考文献 …………………………………………… 255
后　记 ……………………………………………… 258
旅聘网简介 ………………………………………… 260

第一章　全域旅游时代的旅游金融

一、旅游金融是旅游产业发展的必然需求

(一)全域旅游时代催生旅游金融

1.全域旅游时代的解读

中国旅游业历经三十余年的发展,已经成为世界第一旅游大国,进入了一个崭新的全域旅游发展阶段。

全域旅游跳出了传统旅游和小旅游的拘囿,将一个区域整体作为功能完整的旅游目的地来建设,是一种带动和促进经济社会协调发展的新理念、新模式。

全域旅游的核心内涵是在旅游资源富集地区,以旅游产业为主导或引导,在空间和产业层面合理高效优化配置生产要素,以旅游产业来统筹引领区域经济发展,持续增强区域竞争能力的创新模式;全域旅游也是对"创新、协调、绿色、开放、共享"五大发展理念的贯彻落实,从区域社会经济发展的全局高度,明确旅游业的战略地位和社会价值。

2.全域旅游的核心要素

结合国家旅游局李金早局长对全域旅游的系列论述,总结出全域旅游的核心要素应包括以下六个方面:

第一,推进旅游行政管理体制的变革。只有将全域旅游落实为地方"一号工程",以其统筹体制机制配套改革,才能真正

实现以旅游产业为主导或引导,优化配置区域生产要素和落实适合社会经济发展制度安排。

第二,在旅游资源富集区,建立以旅游产业为主导的区域发展新平台、新模式。在以工业等产业为优势的地区,也可以运用全域旅游的理念,来促进区域产业发展,形成更人性化和有益于提高人民群众幸福指数的产业发展创新模式。

第三,引导多产业融合发展,形成区域泛旅游产业集群。以旅游产业为核心,引领产业结构转型升级,统筹产业空间布局,集聚多元化业态,推进三次产业门类之间的主动融合、充分融合和创新融合。

第四,在适合发展全域旅游的地区,以全域旅游规划作为区域顶层设计,引导实现"多规合一",使"全域旅游"理念在城乡规划与国民经济和社会发展规划、土地利用总体规划等法定规划及各职能部门规划中得到切实体现。

第五,借力供给侧改革,推动全域旅游产品的提档升级。一是以旅游发展思维引导新型城镇化和美丽乡村建设;二是通过产业交叉融合显著提升全域旅游服务容量和丰富服务门类;三是推动涉旅公共资源管理与公共设施和服务体系创新,以满足国民休闲需求;四是将主导产品门类从单一的观光产品转型升级为观光、休闲、度假于一体的复合型产品。

第六,全域旅游的发展推动了整个旅游行业从业者数量的快速增加,由原来相对垄断的状态过渡到充分的市场化竞争。

3.全域旅游时代与金融的关联

金融是产业发展的血液,旅游金融不仅是新形势下旅游产业与金融的融合,为旅游产业提供的一种新型金融服务,更是对旅游产业链条的整合与重塑,最终实现整个生态圈的共赢。

全域旅游时代,大量新进入的从业者和被迫改革的传统从业者如何全面拓宽旅游产业发展资金来源,突破企业自身信用天花板的限制,成为旅游产业整合产业资源,优化产业结构,促进转型升级的关键。

随着全域旅游的深入发展,以及我国经济结构、经济发展方式的转变,传统的金融服务手段难以满足当前旅游业发展的巨大需求。从而使立足于旅游产业,主要面向各类旅游企业的提供专业金融服务的旅游金融业务应运而生。旅游金融有着巨大的发展空间,蕴含重要的战略性机遇,是旅游产业发展的战略制高点。

(二)旅游产业链高速的资金运转特点催生了旅游金融

旅游产业链上的各企业为了缓解自身的资金缺口问题,往往会单方面延长支付,比如零售商对其供应商要求延长账款支付周期至 T+N 的情况。这种方式虽然有利于部分企业的资金流动和效率,但是却为供应商带来了较大的资金障碍。为解决这一问题,反过来又加大了供应商的融资成本,最终使得供应商不是在生产和产品质量上下功夫,而是更加关注如何解决资金问题。因此,如果不能有效地解决资金流与商流、物流和信息流的整合,旅游产业链就会难以为继。

(三)旅游产业链一体化催生旅游金融

随着旅游产业核心企业的成熟,旅游产业链一体化发展方兴未艾,促使资金在旅游产业内的重新配置,使资本流向效益更高的企业和平台。满足了核心企业转型升级的诉求,通过金融服务,实现其产业链生态系统的价值。

以此为基础,旅游市场要求金融以产业链为中心提供更为灵活、成本更低、效率更高、风险可控的金融产品和融资模式。旅游产业链融资正是在这种背景下应运而生的。

(四)中小企业融资难催生旅游金融

旅游金融给予了中小企业全新的融资工具,这在中小企业融资难背景下,对全国两万多家旅行社,几千万家产业链从业者具有了强大的现实意义;而对于资金供给方而言,降低了向中小企业放款的风险。这种多方共赢的生态系统,正是旅游金融未来的商业价值和发展方向。

由于缺乏资金,很多中小旅游企业在成长道路上举步维艰,不堪重负,这在很大程度上限制了中小旅游企业提升竞争力的机会,中小企业融资难的问题一直是个亟待解决的棘手问题。

从融资渠道来看,大多数中小企业主要采用的是内源性融资模式。然而,由于大多数中小企业利润率水平不高,企业自身的资本积累能力不足,内源性融资在很大程度上无法起到扩大经营,提高企业竞争力的客观要求。

而从外源性融资方式来看,由于国内股票市场的准入门槛很高,很多中小企业受注册资本和公司股本总额的限制,根本无法进入主板市场。可以说,我国绝大多数的中小企业还无法进入公开的证券市场进行融资,这在很大程度上限制了中小企业的发展。

迄今为止,银行信贷是中小企业最主要的融资渠道。但是,旅游业的中小企业很难从商业银行那里获得贷款。由于中小企业的资信状况较差、财务制度不健全、抗风险能力弱、缺乏足够的抵押担保,商业银行为了尽量地减少呆账、坏账,基本不愿意向中小企业放贷,而是把重点放在了大型企业身上。

而旅游金融的核心就是结合产业运行的特点,有效地解决企业,尤其是中小企业日常经营管理活动中的融资难问题,将金融资源和产业资源高度结合,实现产业效益与金融效益的共赢。

(五)政策和技术环境催生旅游金融

法律的完善、技术的发展,都为旅游金融的发展提供了良好的契机。

《物权法》等在动产担保制度上的一系列突破,为旅游金融的发展提供了良好的法律环境:

扩大了动产担保的范围,允许以协议方式对现有或将有的生产设备、原材料、半成品、产品进行抵押;允许抵押人将其财产一并抵押;允许应收账款抵押等。

不再要求对担保物进行具体描述,而由当事人书面进行约定;赋予了当事人更多的自治空间,比如,动产担保的创设更加灵活、实现担保物权的条件可以自由约定,等等。

而信息技术的进步也为旅游金融提供了发展空间。

一方面,信息技术帮助旅游金融的各方参与者及时掌握产业链运行的状态、资金运行的效率以及不同阶段存在的风险及其程度;另一方面,信息化的手段本身也构成了旅游金融的主要内容。

二、旅游金融促进旅游企业发展要素资本化

(一)旅游与金融的关系

在实体经济与虚拟经济相互依存和产业间不断融合的推动下,以产业为代表的实体经济和以金融为代表的虚拟经济必然走向耦合发展的同一轨道,形成产业金融。从产业融合的演变逻辑来看,各具体产业也将与金融业相互融合,形成产融结合。产业金融既是当代经济发展的主要特征,也是产业未来发展的必然趋势。

如今,旅游业已发展成为我国的一个重要新兴经济产业,对优化经济结构、转变发展方式和扩大内需都有显著的作用,对国民经济的贡献也越来越突出,旅游产业必然和汽车产业、

钢铁产业和房地产业一样,将与金融业不断耦合发展,形成产业金融新的细分领域——旅游金融。

(二)旅游金融的定义与实质

从产业金融的角度来理解,旅游金融是指以旅游产业为实体经济和以金融业为虚拟经济相互融合、互动发展的新兴业态,是通过旅游资源,包括人、财、物的资本化配置,来实现产业与金融业融合发展,实现旅游产业价值增值的金融路径或金融工具。其中,旅游产业为本,金融工具为用,通过两者间的密切融合,促进旅游资源和金融资源的优化配置,最终实现旅游产业的价值提升和快速健康发展。基于此,旅游金融的商业模式,可概括为通过把旅游资源、资产、产权和未来收益等旅游产业发展要素资本化来实现旅游产业价值的快速增值。

从产业金融的角度出发,旅游金融的实质就是金融服务提供者通过对旅游产业链参与企业的整体评价,针对旅游产业链各渠道运作过程中的企业拥有的流动性较差的资产,以资产所产生的确定的未来现金流作为直接还款来源,运用丰富的金融产品,采用闭合性资金运作的模式,并借助中介企业的渠道优势,来提供个性化的金融服务方案,为企业、渠道和产业链提供全面的金融服务,提升旅游产业链企业的协同性,降低其运作成本。

(三)旅游金融的特点

具体来看,旅游金融的特点有:

(1)现代产业链管理是旅游金融服务的基本理念。

(2)大数据对客户企业的整体评价是旅游金融服务的前提。

(3)闭合式资金运作是旅游金融服务的刚性要求。

(4)构建旅游产业链商业生态系统是旅游金融的必要

手段。

（5）企业、渠道和产业链，特别是成长型中小企业是旅游金融服务的主要对象。

三、旅游金融帮助旅游企业通过产业链管理获得资本助力

旅游金融在旅游产业链发挥作用的基本原因是：在一个协作的产业链环境里，一方的采购通常涉及另一方的销售。

基于此，在旅游金融环境下，传统上认为的公司内外部发生了转变，以前从组织之外获取的资源被认为是外部融资，现在却不一样了，原因在于把协作成员当成一个实体。只有这个实体外的组织所提供的资源才被认为是外部融资。表面上看起来可能与传统的观念相悖，但事实上，融资机构和融资手段都没有发生改变，仅仅是在旅游金融环境下，内部融资的可选择性被扩展了。

旅游金融为产业链各成员提供的资本助力主要体现在以下三个方面：

（一）追踪产业供应链资金流

这应该说是旅游金融成功实施的一个基本的驱动因素，竞争性战略到协作性战略的转变，需要重新审视企业的资金管理体系，旅游产业链上的成员需要追踪发生在价值创造活动过程中的支付交易，共同建立一个金融结算中心用以获得相应的财务信息。如果合适的金融结算体系没有建立，就有可能引起信息的偏误，这会引致分歧及不信任，以及旅游金融运行的风险。

（二）金融资金的灵活有效运用

协作投资可能发生在旅游产业链的各个环节上，当对不同

的投资选择进行决策时,需要同时考虑投资的花费和投资所产生的收益。为了甄别协作的最好选择,一个激励的现金转移体系需要在协作伙伴间建立(Carr, Tomkins, 1996)。因此,协作投资活动机会的识别、协作负债管理、协作影响资本成本的方式等,这些都是旅游金融进一步改进的空间,也是未来可帮助资金在旅游产业链更有效流转的关键。

(三)扩大了金融资源的源泉

旅游产业链成员及服务提供商之间所提供的商品和服务需要提前进行支付或延后结算,因而产生了融资的需求。企业债权融资主要受公司的信用等级、证券价格以及债权人的意愿等因素的影响。基于此,由于知识、资本的集中以及旅游业轻资产的特点,旅游金融提高了产业链上成员获得资本及在金融市场上融资的可能性,也因此增加了债权融资的可选择性,改善了产业链上的企业融资的境况,扩大了资金在旅游领域的流动性。

四、案例:旅游金融新势力——溢美金融

全域旅游时代的来临,旅游市值的大爆发,使旅游金融近几年呈现快速发展的态势,在这股大潮中,溢美金融的快速崛起,以其不俗的行业成绩,引起整个旅游产业的普遍关注。

截止到2016年,溢美金融的企业用户已超过7万家,与此同时旅游金融服务在整个旅游从业体系客户超过1000家,累计放款达300亿元,单月放款额约为10亿元。相继在2012年获得险峰华兴1000万元天使投资,2013年获得挚信资本1500万元A轮融资,2014年获得挚信资本追加6000万元B轮融资,并于2015年获得UMC联电资本6000万元C轮融资。多

年被评为"年度最具创新活力互联网金融企业""中国互联网金融理财十大领先品牌""最佳旅游金融服务商"等。

溢美金融已经成为旅游金融新业态里值得研究的新兴热点。

(一)为旅游企业提供一站式资金解决方案

旅游是多种产品的组成,环节多而且复杂,其中,大多数产品由中小旅游企业提供。

根据国家旅游局的统计,截至2015年年底,全国旅行社总数为27 621家,但由于中小旅游企业受制于资金,无法用技术手段进行优化和提高产品创新等,因此导致整个行业产品创新效率低下,利润低,产品同质化严重,而绝大多数的中小旅游企业还面临着"散、小、弱、差"的现状。如何为整个旅游业态中规模参差不齐,发展速度不一的产业链中的旅游企业提供金融支持,国内目前的旅游金融新势力——溢美金融,正在探索中勇毅前行,成绩斐然,引起广泛的关注。

溢美金融创立于2011年10月,有旅游金融、商旅出行、消费金融三大块服务,以金融为基础,为企业提供一站式资金解决方案。其中旅游金融业务专注于解决旅行社主体流水大、资产轻、融资难等问题,通过自有资金全面、快速、灵活地为旅行社完成授信与放款。并开创性地引入了银行合作债权融资模式,让旅行社享受使用周期长、费率低的授信产品。与此同时成立了旅游股权基金,帮助优秀旅游企业实现资源共享和收益最大化,打造旅游行业生态系统的协同效应。

(二)满足旅游领域的内生性金融业务需求

作为一支以授信和投资为切入口的旅游金融团队,溢美金融从2011年开始不断挖掘旅游产业,通过产融结合,满足旅游领域的内生性金融业务需求。当需求能逐步满足中小旅游企业上下游业务的延伸与扩展后,他们发现这种产融的结果可以帮助更多中小旅游企业,提高产品创新效率以及自身发展。

溢美的出行金融首先在2011年建立B2B差旅管理+金融支持的全新差旅管理服务模式"身边惠"。其次在2015年9月,溢美金融宣布与"滴滴出行"企业版组成联合伙伴,以金融方式助力企业出行,联合推出"车马泡"企业出行的全新模式,为企业提供"一站式企业商务出行解决方案"。在2016年9月产品全面升级改版,"车马泡"宣布和"身边惠"进行品牌合并升级为"身边惠",原"身边惠"则升级为"身边惠商旅版"。

(三)多元化金融产品服务整个旅游产业链

溢美金融区别于传统B2B金融平台,自有一套完整的旅游金融服务体系,为旅游行业从业者提供金融服务。把每一个旅游环节所产生的产品都梳理成标准化金融产品,供旅游从业者进行选择,真正做到服务于整个旅游产业链(见图1-1)。

1.打造更符合中小旅游企业的产业链金融产品

溢美金融根据整个旅游产业链上下游的特性可能存在的差异,对金融产品持续不断地优化升级,打造更符合国内中小旅游企业的产业链金融产品。

首先,溢美金融以传统金融机构不被重视的中小旅游企业为核心,聚集银行、旅游联盟、三方机构等为企业提供更丰富的标准化旅游金融产品,并制定旅游金融行业标准,构建一个完善的旅游金融新业态。同时,面对旅游企业对资金需求的灵活性和多样化,溢美金融以"便捷、灵活、高效、低成本"为目标,相继推出小额旅易贷与旅行社授信、景区收益权融资、民宿客

第一章 全域旅游时代的旅游金融

图1-1 溢美金融打造多元化金融产品

栈收益权融资、旅游用车融资、票代差旅垫付、OTA供应商F+1垫资等标准化的金融服务产品。此外服务上,可以做到无须抵押、3天审批放款、随借随还、授信额度高、服务费率低等便捷、高效的服务。从而实现从单一的旅游金融产品服务向多样化发展,来满足旅游产业链上下游的资金需求,做到了传统金融服务机构所不能做到的。

其次,溢美金融为中小旅游企业提供"一站式旅游金融服务方案",对旅游企业的产品、服务、特性等进行梳理和优化,继而设计出一套有针对性的旅游金融服务方案。

最后,通过风控及行业标准提供适合的旅游金融服务,企业可按照不同的旅游产品设定不同的费率标准,也可按自身资金情况选择相应的金融产品。他们在产品设计和开发过程中会发现,只给企业提供资金是不行的,因为有些企业就算拿到资金也不知道该如何更好地使用,他们通过完整的服务方案帮助企业更好地使用资金,吸引客户来实现盈利,使旅游产业链得到平衡可持续发展。

2.金融创新+多资源合作占领大数据的价值高地

溢美金融的出色之处在于围绕中小旅游企业中的资金需求痛点,提供丰富的旅游金融产品服务。其中,金融创新与多资源合作是其核心竞争力。

溢美金融正是因为有超强的创新和跨界融合能力,在2016年借助互联网场景化,整合支付公司、银行推出"溢+"平台,打造在线支付+授信平台,为各类平台型旅游企业提供集B2B、B2C网银、快捷、分账、批付、信贷等于一体的综合金融服务,按其平台交易额给予100%的授信额度(见图1-2)。同时切入其平台交易场景,依据旅游企业的交易数据,评估其整体的经营水平,形成标准的信用体系,让银行、保险等低成本资金能尽快进入到这个领域,为旅游行业从业者提供更好的资金支持。

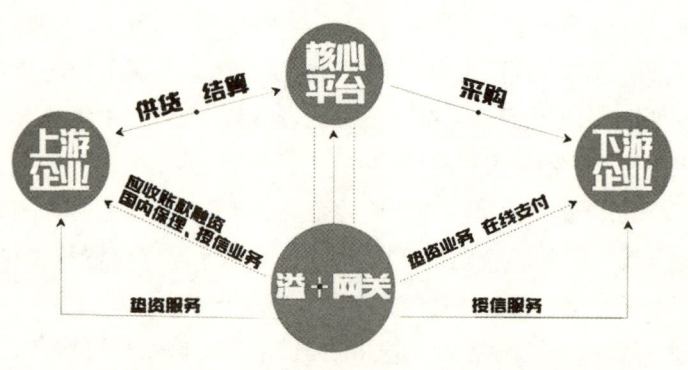

图1-2 "溢+"一站式综合金融服务平台

结合溢美金融发展脉络来看,线上线下结合与多元化经营是其业务发展趋势。在这样的背景下,溢美金融会在金融产品创新、业务资源、金融产品生态及资金投入方面得到充分支持,从而进一步加速旅游金融产品拓展的延展,拥有更强的与其他旅游金融企业竞争的能力。

第二章　旅游融投资市场

一、旅游产业融投资现状

经过多年的发展,我国旅游业已成为第三产业中的龙头产业,是国民经济新的重要增长点。迄今为止,全国已有27个省、市、自治区把旅游业确立为支柱产业、先导产业或第三产业的龙头产业。截至目前,全国旅游直接投资年均增长20%,到2020年,实现旅游投资总额达到2万亿元;旅游消费总额达到7万亿元,旅游业对国民经济增长的综合贡献超过10%。旅游就业总量达到5000万人,旅游业就业对社会就业的贡献率超过10%,实现每年约200万贫困人口通过发展旅游实现精准脱贫。

旅游产业的发展,可以简单概括为以资源利用为前提、市场营销为支撑、资本投入为杠杆。我国对旅游产业发展的投入,从以政府为主,逐步加大了民间资本和资本市场的力量,并正在向以后者为主导的方向过渡。因此,从资本的角度探讨旅游资源的资本形态与结构,以及在融资运作中的作用,已成为一个重要的课题。

相比旅游业持续的高速发展,在旅游产业发展中的融投资状况中,来自政府、银行、企业、外资和社会各界的金融支持,对旅游产业的高速发展起到的支持作用在不同时期的表现则各有特点,表现不一。

针对图 2-1 中社会的各种金融渠道对旅游产业发展的支持,解析阐述如下。

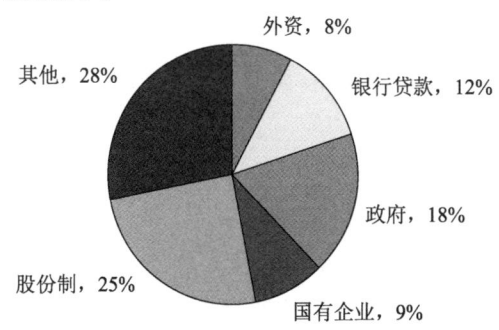

图 2-1 社会的各种金融渠道对旅游产业发展的支持解析

(一)政府的财政金融支持

"十五"期间,政府对旅游业的投资达 1220.806 亿元,占总旅游投资资金来源的 16%;"十一五"期间,政府投资增加到 3111.4 亿元,占总旅游投资资金来源的 18%。目前政府对旅游业的资金支持主要体现在旅游国债、旅游发展基金、旅游发展专项基金、政策性银行贷款财政贴息、用于扶持旅游的国家扶贫资金等五个方面。这些资金主要用于加强旅游基础设施建设,重点支持资源品位较高、发展潜力较大、所依托的主要交通干线建设已基本完成的国家级或省级旅游景区的项目。从宏观经济的角度看,国家的财政、货币政策对经济周期的调节,人民币国际化和人民币升值等因素对我国旅游业的发展有着长期的持续影响,是支持旅游可持续发展必不可少的重要条件。

日前,国家旅游局规划财务司的消息称,自 2015 年下半年国家将旅游项目纳入专项建设基金支持领域以来,首批 100 亿元专项建设基金已完成审核进入拨付程序,第二批120亿元建设基金将重点支持休闲度假旅游、乡村旅游、文化旅游、研学旅游、旅游小城镇和新产品、新业态项目。

(二)银行的信贷支持

从旅游投资的结构来看,"十五"期间,旅游业投资来源中,银行信贷投入为952.17亿元,占总投资的12%,比政府投资占比少4个百分点;"十一五"期间,银行信贷投入规模有所扩大,增加到2094.10亿元,但增速低于政府投入的增长速度,占总投资的比例仍然维持在12%左右,比政府投资占比少6个百分点,说明旅游企业金融获取传统金融机构资金不乐观。

(三)资本市场对旅游产业的支持

根据现代资本结构理论,企业融资的顺序为内源融资、发行股票、发行债券。当企业缺乏内在自我积累时外源融资就成为企业主要融资方式。从未来5年我国旅游产业为实现预期目标所需增加的固定资产投入,如图2-2所示的历年旅游类上市公司现金流整体震荡向下的发展趋势来看,我国旅游业外源融资需求尤为迫切,利用资本市场筹资将成为旅游产业进入资本市场的主要动因之一。根据有关资料显示,迄今为止,我国旅游业利用社会资金总体规模超过3700亿元,而本书匡算其中利用资本市场筹集资金尚不足100亿元,可见我国旅游业对资本市场筹资功能的利用程度还很低。

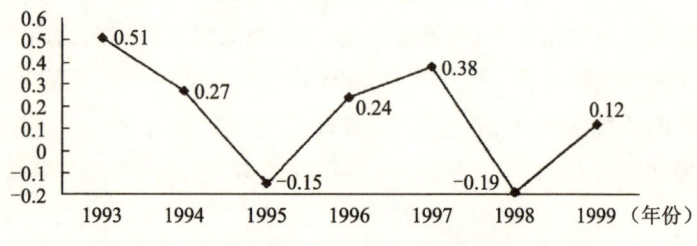

图2-2 历年旅游类上市公司现金流整体发展趋势

图 2-1 清晰地显示了资本和金融市场对旅游产业的支撑比重较低,甚至低于政府财政投入的 18%的比值,势必掣肘旅游业的长远健康发展,但比起图 2-2 已经有了很大转变,资本介入旅游产业的发展有较大的起色,说明随着时间的推移,资本对旅游产业发展的促进程度越来越高。

1993 年 11 月 18 日,我国第一个旅游业上市公司东方宾馆于深圳证券交易所上市交易,掀起了旅游企业利用资本市场的开端。国家旅游局规划财务司与申万宏源证券有限公司联合发布《2015 年中国旅游上市企业发展报告》,报告显示,已上市国内旅游企业 103 家,市值合计 5759.32 亿元。

国内上市的旅游企业业态分布包括景区景点、宾馆酒店、旅行社几大类,其中景区景点企业占到 24%。选择海外上市的企业业态分别为在线旅行社、酒店集团、租车行业,其中在线旅行社占比 37%。

从市场结构来看,除了股票融资以外,债券市场发行了用于旅游业的国债,近年一些旅游企业债券也开始上市。

(四)风险投资初步涌现,海内外风险投资公司充当主体

风险投资总是追逐着高科技、高成长性行业。旅游业作为朝阳产业,其每年平均高达 12.5%的增长速度自然引起了风险投资的青睐。自 2002 年以来,以海外风险投资资本为主体的风险投资公司对我国的旅游产业掀起了两轮投资热潮。第一轮热潮是以"如家"酒店为代表的对经济型酒店的投资。"如家"的成功引来了更多的海外风险资本对我国经济型酒店产业的关注。目前,中国经济型酒店排名前 8 位的 5 家有风险投资涉足其中。另一个受风险投资青睐的旅游投资热点是旅游分销领域——旅游电子商务,相对于 2006 年旅游业 8935 亿元的收入来说,旅游电子商务 B2C 营收所占比例只有 0.1%到

0.2%,然而据估计,其未来更将会以40%以上的发展速度高速增长,因此旅游电子商务成为全球风投热点所在。

进入2010年后,旅游电子商务(OTA)的融投资增长速度,在2016年成功兑现十年前的预期速度甚至超越(见表2-1)。

表2-1 2016年上半年国内在线旅游业融资Top10

单位:人民币

排行	所属企业	融资渠道	融资金额	投资方
1	途牛旅游	IPO上市后	33.297亿元	首都航空
2	驴妈妈旅游网	战略投资	8亿元	华策影视
3	真旅网	C轮	6亿元	毅达资本、联创资本、金浦创新消费、光大富尊
4	要出发旅游网	D轮	5.5亿元	架桥资本、众信旅游、金鼎投资、中信建设资本
5	穷游网	D轮	3.795亿元	香港众信、SIG海纳亚洲、优投金鼎
6	最会游	Pre-A	2700万元	春秋航空、飞马基金和青骢资本
7	轻走旅行	不明确	2500万元	印尼力宝集团
8	任游网-果范创想	A轮	1500万元	联想乐基金领投、知初资
9	密游网	天使轮	800万元	百舸资本
10	爱微团	天使轮	500万元	深圳富坤创投

资料来源:艾瑞咨询。

(五)旅游企业现行的八种融投资方式

1.成立旅游股份有限公司,上市筹集资金

股份有限公司指全部注册资本由等额股份构成并通过发行股票(或股权证)筹集资本,公司以其全部资产对公司债务承担有限责任的企业法人。旅游企业可采取股份合作制、股份公司、股票上市的形式,逐步走上股份制企业经营的道路,进一步促进旅游业的快速发展。吉林长白山景区的上市就是很好的例子,说明资本市场是助力旅游企业发展的最好动力。

案例:长白山景区 IPO 上市

2012年9月,长白山旅游股份有限公司(以下简称"长白山旅游")在证监会官网披露了首次公开发行股票招股说明书(申报稿),拟登陆上交所上市。

长白山旅游公司主营旅游客运、旅行社及温泉开发、利用业务,此次首次公开发行上市股数6667万股,募集4亿多元,拟用3年多时间建设长白山国际温泉度假区建设项目。

长白山旅游通过上市募集资金,进行业务结构调整,加大对温泉的开发、利用,并为进军旅游酒店业务领域做准备,完善其旅游服务产业链条,提升长白山旅游的综合竞争力。

2.产业投资基金

产业投资基金是以个别产业为投资对象,追求长期收益为投资目标,不仅有为产业融通资金的目的,还有扶助该产业发展的目的。在实际应用中,多见于基础设施建设。如果能将产业投资基金应用于旅游业,不仅可以充分吸收社会闲散资金,还有利于分散银行风险,为投资者开辟新的投资渠道。产业基金已成为国外金融体系的核心,市场经济发达的国家已形成

"大基金,小银行"的格局。该方式是近年来我国各省市旅游业运用得较普遍的投融资方式,目前为止,国家发改委一共批准了三批共十支产业投资基金。此外还有一些经地方政府批准的产业投资基金等。

2013年各地方政府纷纷开始组建区域内产业投资基金。至今,文化旅游产业投资基金在数量和规模上均有较大增长,形成以政府投入为导向,社会资本为主力的产业投资基金态势,除了传统的私募基金、VC、PE外,政府引导性的产业基金在传统旅游产业中的作用更为明显。

目前,我国的旅游产业基金,主要是由政府引导设立的投资基金,各地政府根据"拨款变投资,资金变基金""以政府投入为导向,社会资本为主力"的财政资金投入思路,根据当地自身旅游资源与旅游行业发展,先后成立旅游产业基金。据不完全统计,各地政府牵头的旅游产业基金已经超过100家,政府投入和市场参与的总规模达到10 000亿元。

全国多个省、市"十三五"期间均把旅游产业定位到核心产业之一,在政府补贴、基金投资等各个方面给予了政策倾斜和支持。在政府大力发展文化旅游产业的利好政策刺激下,政府主导设立的产业投资基金扎堆涌现,但是在社会资本领域,考虑到文化旅游市场的风险和回收期等因素,非政府主导发起设立的投资基金数量和规模并未跟上政府主导的产业基金的发展步伐,其发展更缓慢些,主要集中在单体项目或轻量市场的股权投资领域。然而,这只是旅游产业基金发展的起步阶段,从旅游业在我国的高速发展和转型,以及政府"以政府投入为导向,社会资本为主力"的政策思路来看,旅游产业基金必然会迎来朝气蓬勃的发展。

国家发展改革委关于印发《政府出资产业投资基金管理

暂行办法》的通知(发改财金规〔2016〕2800号)于2016年12月30日颁布,全文详细阐述对政府出资产业投资基金的管理,目的在于把朝气蓬勃的产业基金的发展导向健康的发展轨道。

案例:贵州省和四川省旅游产业投资基金

武陵山片区旅游产业投资基金。该基金是首支国家级旅游产业投资基金,将落户贵州。武陵山旅游基金由明石投资管理有限公司与铜仁市政府联合发起设立,基金总规模为300亿元人民币,首期规模为60亿元。基金拟面向国内大型银行、社保基金、保险公司、上市公司等机构投资人进行募集。基金将立足武陵山片区,辐射中西部,面向全国,主要投向旅游资源整合、旅游文化产业及文化创意产业、特色农业及其他延伸产业。

四川旅游产业创新发展股权投资基金。2015年12月31日,四川旅游产业创新发展股权投资基金完成注册登记并取得了营业执照,标志着该基金正式设立。

四川旅游产业创新发展股权投资基金是省政府确定2015年组建的八支基金之一。该基金注册资金12亿元(全部为劣后级LP),其中,省财政出资3亿元,新希望集团出资4.5亿元,昆吾九鼎投资募集4.5亿元。预计基金总规模将超过30亿元,带动金融资本和社会资本投入可达50亿~100亿元。该基金省财政出资委托四川发展(控股)有限公司履行出资人职责。昆吾九鼎投资和新希望集团合资组建基金管理公司担任GP和基金管理人,负责基金的运营及管理。

该基金主要采取参股投资、控股投资、并购、资产证券化等股权投资方式,重点投资四川省境内的旅游景区打造、旅游新业态、旅游全产业链的延伸开发等。该基金具有发起人结构优、参与方实力强、市场化程度高、影响带动力大、财政放大效应好等特点,对转变财政支持产业发展方式,创新旅游业投融资机制有重大影响。

3.旅游资产证券化(ABS)

2015年国务院办公厅印发《关于进一步促进旅游投资和消费的若干意见》(以下简称《意见》),明确提出拓展旅游企业融资渠道,部署通过改革创新促进旅游投资和消费工作。

《意见》要求积极发展旅游投资项目资产证券化产品,引导预期收益好、品牌认可度高的旅游企业探索通过相关收费权、经营权抵(质)押等方式融资筹资。这是首次在国家文件中明确突出积极发展旅游投资项目资产证券化产品,在促进旅游发展政策和改革方面实现了新的突破。

(1)模式基本说明

所谓ABS,是英文"Asset Backed Securitization"的缩写,它是以项目所属的资产为支撑的证券化融资方式,即以项目所拥有的资产为基础,以项目资产可以带来的预期收益为保证,通过在资本市场发行债券来募集资金的一种项目融资方式。资产证券化的具体操作指的是发起人出于一定目的,将地方政府或文化旅游企业具备一定条件的、能产生未来现金流的资产出售或委托给特殊目的公司,由特殊目的公司汇集大量的同质资产,以之为抵押发行多样化的证券,并通过一系列信用增级手段提高评级机构对证券评估的等级,由包销商出售给投资者,并由服务商持续提供贷款服务,信托机构持续监督和转移分配投资者收益的过程。证券化交易的风险与资产原始所有者的风险无关,而只与证券化资产本身相关。

地方政府和文化旅游企业及文化旅游项目的资产证券化(ABS)融资模式是一个复杂的系统工程,它涉及许多参与者,主要包括九个参与主体:一是发起者;二是服务人;三是特殊目的公司(SPV);四是受托管理人;五是相关支持体系;六是信用评级机构;七是投资银行;八是投资者;九是专业咨询服务机构。

(2)模式总体特征

①ABS融资模式的最大优势是通过在国际市场上发行债券筹集资金,债券利率一般较低,从而降低了筹资成本。

②通过证券市场发行债券筹集资金,是ABS不同于其他项目融资方式的一个显著特点。

③ABS融资模式隔断了项目原始权益人自身的风险,使其清偿债券本息的资金仅与项目资产的未来现金收入有关,加之,在国际市场上发行债券是由众多的投资者购买,从而分散了投资风险。

④ABS融资模式是通过SPV发行高档债券筹集资金,这种负债不反映在原始权益人自身的资产负债表上,从而避免了原始权益人资产质量的限制。

⑤作为证券化项目融资方式的ABS,由于采取了利用SPV增加信用等级的措施,从而能够进入国际高档证券市场,发行那些易于销售、转让以及贴现能力强的高档债券。

⑥由于ABS融资模式是在高档证券市场筹资,其接触的多为国际一流的证券机构,有利于培养东道国在国际项目融资方面的专门人才,也有利于国内证券市场的规范。

(3)模式应用存在的问题

①缺乏可支撑证券化业务的优质资产。

②缺乏规范化的市场投资。

③缺乏完善的法律环境。

(4)模式创新

①离岸模式转化为本土化模式,创新一套符合中国国情的ABS融资模式。

②在构建资产池时,考虑到文化旅游企业的无形资产和特许经营权权益资产特殊情况,允许对无形资产进行评估计入企业资产。

案例:广州长隆

广州长隆以2014年9月1日至2022年7月31日的8年内特定期间拥有的长隆欢乐世界、长隆水上乐园、长隆国家马戏大剧院三个主题公园特定数量的入园凭证作为基础资产进行融资。

由华泰证券发行的广州长隆优先级资产支持证券产品共分为8档(见表2-2)。

表2-2 广州长隆优先级资产支持证券产品

优先级资产支持证券	预期期限(年)	目标募集规模(亿元)	预期收益率(%)
长隆1	1	1.70	6.40
长隆2	2	3.00	6.70
长隆3	3	3.35	6.85
长隆4	4	3.65	6.90
长隆5	5	4.10	7.10
长隆6	6	4.45	7.10
长隆7	7	4.73	7.10
长隆8	8	5.02	7.10

按照计划规定的每年还本付息的支付方式,2010年1月1日至2012年12月31日,广州长隆三个主题公园入园凭证的165元的销售均价确定。未来8年特定期内,广州长隆三个主题公园需要达到的销售数量分别为330万张,430万张,445万张,450万张,470万张,480万张,480万张,480万张。

2008—2013年广州长隆三个主题公园的门票销售情况(见表2-3)。

表2-3 2008—2013年广州长隆三个主题公园的门票销售情况

年份	2008	2009	2010	2011	2012	2013
入园人数(万人)	426.58	403.21	428.44	498.14	475.36	551.43

联合评级机构认为"广州长隆三个主题公园接待游客数量在正常年份一般可以做到维持现有规模、实现小幅增长"。另外,从历史数据来看,历次入园凭证价格调整虽会对当期游客数量增长有所影响,但三个主题公园入园凭证现金流均实现了较快的增长。原始权益人在对三个主题公园的长期运营中,已经对市场接受能力有了比较准确的把握,能够做到游客数量和收益的平衡。

4.BOT(Build Operate Transfer)融资
(1)模式基本说明

BOT是英文Build-Operate-Transfer的缩写,通常直译为"建设—经营—转让"。这种译法直截了当,但不能反映BOT的实质。BOT实质上是基础设施投资、建设和经营的一种方式,以政府和私人机构之间达成的协议为前提,由政府向私人机构颁布特许,允许其在一定时期内筹集资金建设某一基础设施并管理和经营该设施及其相应的产品与服务。

（2）模式总体特征

一方面，BOT 能够保持市场机制发挥作用。BOT 项目的大部分经济行为都在市场上进行，政府以招标方式确定项目公司的做法本身也包含了竞争机制。作为可靠的市场主体的私人机构是 BOT 模式的行为主体，在特许期内对所建工程项目具有完备的产权。这样，承担 BOT 项目的私人机构在 BOT 项目的实施过程中的行为完全符合经济人假设。

另一方面，BOT 为政府干预提供了有效的途径，这就是和私人机构达成的有关 BOT 的协议。尽管 BOT 协议的执行全部由项目公司负责，但政府自始至终都拥有对该项目的控制权。在立项、招标、谈判三个阶段，政府的意愿起着决定性的作用。在履约阶段，政府又具有监督检查的权力，项目经营中价格的制定也受到政府的约束，政府还可以通过通用的 BOT 法来约束 BOT 项目公司的行为。

（3）模式应用存在的问题

①公共部门和私人企业往往都需要经过一个长期的调查了解、谈判和磋商过程，以致项目前期过长，使投标费用过高。

②投资方和贷款人风险过大，没有退路，使融资举步维艰。

③参与项目各方存在某些利益冲突，对融资造成障碍。

④机制不灵活，降低私人企业引进先进技术和管理经验积极性。

⑤在特许期内，政府对项目减弱甚至失去控制权。

（4）模式创新

降低政府的负担与风险，组织机构协调容易，回报率明确，利益划分清晰。

案例：东疆港区

东疆港区主要分为码头作业区、物流加工区和综合配套服务区。其中综合配套服务区位于港区东部，为充分提升优质海岸资源价值，开发建设多种配套居住、商务办公、沿岸及海上体育娱乐、休闲度假等设施，为东疆港区工作人员及国内外宾客提供办公、生活、商务、休闲等服务。

目前，国际邮轮母港项目已投入运营，东侧观景岸线正在招商中的项目工程可以运用 BOT 融资模式，比如商务住宅、商务中心、五星级酒店、度假村、休闲运动中心、国际游艇俱乐部等设施。同时建设配套的商业、医疗、教育、餐饮、酒店、公寓等设施。在这些配套设施完全建成之后，必然会对其旅游业起到促进作用。

5.PPP（Public Private Partnership）融资

（1）模式基本说明

PPP 公私合营模式，即 Public-Private-Partnership 的缩写，是指政府与私人组织之间，为了合作建设文化旅游基础设施项目，或是为了提供某种文化旅游公共物品和服务，以特许权协议为基础，彼此之间形成一种伙伴式的合作关系，并通过签署合同来明确双方的权利和义务，以确保合作的顺利完成，最终使合作各方达到比预期单独行动更为有利的结果。

（2）模式总体特征

①PPP 模式将部分政府责任以特许经营权方式转移给社会主体（企业），政府与社会主体建立起"利益共享、风险共担、全程合作"的共同体关系，政府的财政负担减轻，社会主体的投资风险减小。

②PPP模式比较适用于文化旅游基础设施建设、文化旅游公共物品或服务提供等领域,适用于未来投资收益稳定且可预期的新建文化旅游建设项目。

(3)模式应用存在的问题

①该模式需要合理选择合作项目和考虑政府参与的形式、程序、渠道、范围与程度等令人困扰的问题。

②该模式不适用于中小型文化旅游建设项目,不适合存在大量市场风险的市场化经营项目,即要求项目的未来投资收益稳定且可预期。

(4)模式创新

扩大PPP公私合营模式的应用范围,将该模式创新应用于非政府的事业单位、国有企业和私营企业之间的合作,从而让更多的中等投资规模的文化旅游项目能够采用PPP公私合营模式融资建设。

案例:淮安市白马湖森林公园旅游公路建设PPP项目

2014年5月23日,普邦园林(上市代码002663)公司与淮安市白马湖规划建设管理办公室签署《淮安市白马湖森林公园项目PPP合作协议》,负责淮金公路东侧、旅游公路两侧项目施工,投资概算不超过10亿元。

该项目采用公私合作(Public-Private-Partnership,PPP)模式,预计项目期为3年,普邦园林单独或与合作相对方引入的战略投资机构共同出资设立具有独立法人资格的合作公司,由合作公司与建设单位共同出资建设该项目。项目竣工后,普邦园林将退出合作,结算审计完毕后,由淮安市白马湖规划建设办收购项目全部股权,并按约定支付收购款,白马湖森林公园景区的收入作为其支付收购款的来源之一。

协议规定收购款分三年支付,由白马湖规划建设办按照建安费的35%、30%、35%的比例支付,并分别在当期支付收购期利息。在应对成本风险方面,合作协议规定因材料、人力资源价格上涨、管理成本上升等导致超出预算额的部分,由淮安市白马湖规划建设办与普邦园林分别按建安费预算总额的15%、85%的出资比例补充投资。投资额超出普邦园林承担的8.5亿元的部分,由双方各按50%的比例补充投资。

6.TOT 融资模式

(1)模式基本说明

TOT(Transfer-Operate-Transfer)是"移交—经营—移交"的简称,指政府与投资者签订特许经营协议后,把已经投产运行的可收益公共设施项目移交给民间投资者经营,凭借该设施在未来若干年内的收益,一次性地从投资者手中融得一笔资金,用于建设新的基础设施项目,特许经营期满后,投资者再把该设施无偿移交给政府管理。

TOT 方式与 BOT 方式是有明显区别的,它不需直接由投资者投资建设基础设施,因此避开了基础设施建设过程中产生的大量风险和矛盾,比较容易使政府与投资者达成一致。TOT 方式主要适用于交通基础设施的建设。

最近国外出现一种将 TOT 与 BOT 项目融资模式结合起来但以 BOT 为主的融资模式,叫作 TBT。在 TBT 模式中,TOT 的实施是辅助性的,采用它主要是为了促成 BOT。TBT 有两种方式:一是公营机构通过 TOT 方式有偿转让已建设施的经营权,融得资金后将这笔资金入股 BOT 项目公司,参与新建 BOT 项目的建设与经营,直至最后收回经营权。二是无偿转让,即公营机构将已建设施的经营权以 TOT 方式无偿转让给投资者,但条件是与 BOT 项目公司按一个递增的比例分享拟建项目建成后的经营收益。两种模式中,前一种比较少见。

(2)模式总体特征

①盘活城市基础设施存量资产,开辟经营城市新途径。

②增加了社会投资总量,以基础行业发展带动相关产业的发展,促进整个社会经济稳步增长。

③促进社会资源的合理配置,提高了资源使用效率。

④促使政府转变观念和转变职能。

(3)模式应用存在的问题

在建设前一定要进行全面、详细的评估、论证,要充分估计到 TOT 的负面效应,提出相关预防措施;经营权的转让价应合理提高,作为对承担风险的"对价";受让方买断某项资产的全部或部分经营权时,必须进行资产评估;缺乏转移经营权的项目的维修改造;容易造成法律问题。

(4)模式创新

在 BOT、TOT、TBT 等相关的几种模式中灵活地结合应用,以适合不同的项目业主、经营主体和建设条件的要求。

案例:舞阳景区 TOT 特许经营项目

为适应社会主义市场经济需要,实现舞阳河全线通游(通航),进一步完善景区基础设施和服务功能,推动景区资源整合,构筑更好的融资平台,舞阳河风景名胜区管理处根据黔东南州人民政府〔2011〕239 号文件精神,通过公开招标方式选择舞阳河风景名胜区下舞阳景区 TOT 特许经营项目投资人。

项目占地面积 68 平方公里,特许经营权出让底价为 4000 万元,特许经营期内每年景区保护措施投入 400 万元,特许经营权期内完成基础设施、旅游服务设施 18 199 万元。

舞阳河风景名胜区下舞阳景区内的20年特许经营权有偿转让给投资人。投资人一年内完成相见河服务区改造和码头改造建设;两年内完成现有景区运营设施、设备的收购,并具有一定规模的水上观光运营能力;5年内完成红旗电站、高碑、诸葛洞及抛瓜等景区景点建设,使其具备接待能力。同时,在5年内使景区达到国家5A级旅游景区服务标准。把舞阳景区打造成环境优良、设施完善、服务上乘并在全国范围内具备一定影响力的水上观光旅游风景名胜区,确保第一年景区游客总量不低于30万人次,5年内游客总量达到200万人次。

7.发行企业债券

(1)模式基本说明

企业债券,是指企业依照法定程序发行、约定在一定期限内还本付息的有价证券。实际上,发行企业债券是一种融资形式,是国内企业法人通过公开发行企业债券的形式,在国家金融机构从事的金融业务之外,开辟的新的融资渠道,直接将社会闲散货币转化为生产资金,以解决企业资金短缺、生产后劲不足的困难。从国外经验看,企业债券已成为并购融资的一个非常有效的工具。

(2)模式总体特征

①发行企业债券是一种灵活的融资方式,包括短期债券和中长期债券。

首先,发债的期限比较灵活,有短期融资的,有三五年中长期的,也有十年期的,能满足企业中长期的资金需求。其次,在直接将长期贷款用于文化旅游产业股权投资仍未允许的情况下,发行企业债券融资解决了该问题。

②企业债券发行严格。企业发行债券必须具备以下五个条件:一是企业规模达到国家规定的要求;二是企业财务会计制度符合国家规定;三是企业具有偿债能力;四是企业经济效益良好,发行企业债券前连续三年盈利;五是所筹资金用途符合国家产业政策。

③发行企业债券融资规模大。发行企业债券一般适合大型股份公司和国有企业等大型文化旅游企业,通过发行企业债券,不仅融通大量资金,还能提高文化旅游企业的社会影响力,提升其社会声誉。

④降低了融资的资金成本。企业发展到一定规模,资金使用量大,银行融资成本较高,而文化企业又不是房地产这类利润高的行业,必须考虑新的产品来降低融资成本。债券不用资产抵押,成本相对较低,很适合华侨城这类内部管理比较严格的国企,用企业的信用去融资。

(3)模式应用存在的问题

公司债券的发行主体,有严格的资格限制,一般中小型文化旅游企业和发展初期的文化旅游企业很难通过发行企业债券获得融资。发行公司债券,往往是股份有限公司和有实力的有限责任公司所为。

(4)模式创新

可转换债券可以看作是普通债券附加一个相关的选择权。在企业并购中,利用可转换债券筹集资金具有明显的优势:可以降低债券融资的资本成本;由于可转换债券规定的转换价格要高于发行时的企业普通股市价,它实际上相当于为企业提供了一种以高于当期股价的价格发行普通股的融资;当可转换债券转化为普通股后,债券本金不需偿还,免除了还本的负担。受政策法规的影响,分离交易的可转债得到了较快发展,其由公司债券和认股权证两部分组成,债权和期权可以分离交易,即投资者在行使了认股权利后,其债券依然存在,仍可以持有到期获得债券收益。

案例1:不挤银行信贷的"独木桥"

当有的文化企业把银行贷款当作缓解资金压力的"救命稻草",拼命去挤银行的"独木桥"时;当有的文化企业把上市当作企业发展的终极目标,千方百计地去挤IPO的"独木桥"时,一些文化企业却尝试着另辟蹊径,通过债券市场来解决资金难题,特别是那些有一定资产规模和信用等级的企业更把债券这种直接融资作为解决资金瓶颈的主渠道。据中国银行间市场交易商协会统计,截至2014年1月,已注册发行债券的文化企业达112家,总发行金额2515.5亿元。

尽管这样的发行已小有规模,但"债券融资"对广大文化企业来说依然还是个陌生的新事物。近日,在文化部文化产业司于西安举行的"文化产业投融资实务(债券融资)研修班"上,60多家文化企业的代表率先接触债券融资的相关知识,以债券融资优化资金结构、撬动企业发展。

华侨城是国内最早发行企业债券的文化企业,从2008年开始,累计已发债458亿元,现在带息负债的资金约占企业总资金的40%。据华侨城企业管理部总监何海滨介绍,债券融资对华侨城的帮助很大,使其利润总额从19亿元增长到目前的45亿元,年均增幅达到24%。华侨城的债券发行品种多、发行量大,满足了企业发展的资金需要。和华侨城一样,西安曲江文化产业集团也靠发债来解决融资问题,既有10亿元短期融资券,也有20亿元的私募债券,贷款则越来越少。

2011年,江苏凤凰集团通过上市募资近45亿元。但很少有人注意到,从 2009 年开始,凤凰集团每年就有计划地发行债券,在上市前就已募集资金 40 亿元,由于企业运行稳健,发行人和投资人都得到了较好的回报。凤凰集团债券发行的主承销商北京银行按照交易商协会的规定不断对凤凰集团的管理提出规范要求,凤凰集团也逐步规范自己的公司治理和报表等。正是这种规范的管理,使凤凰集团能快速成功上市。

通过发行企业债券,大大降低了文化旅游企业的资金成本。据中国银行间市场交易商协会初步统计,文化企业债券融资平均发行利率为 6.17%,低于同期银行贷款利率 8.53%,已累计为发债的文化企业节省资金 30 亿元。以西安曲江集团为例,通过发债,其综合融资成本降低了 42.16%,而深圳华强集团综合融资成本更是降低了 64.85%。

2012 年,包括旅游业在内的文化休闲娱乐服务债券融资数额最多,达到 1350 亿元,占文化企业发债融资的 75%;其次是广播电视电影服务发债 226.82 亿元,占 13%;第三位是新闻出版服务发债 200.25 亿元,占 11%;工艺美术品生产、文化信息传输服务和相关文化产品生产只占 1% 左右。

2012 年 3 月,文化部文化产业司联合中国人民银行金融市场司、中国银行间市场交易商协会等部门开展了文化企业债券融资试点工作,鼓励优质文化企业勇于尝试新型融资工具。

案例 2:中小文化企业如何参与企业债券融资

2011 年扬州工艺美术集团和大贺传媒联合发行中小集合票。由于文化企业资产规模不大,最初信用评级只有 BBB,后来通过信用再担保公司,将征信提高到 AA 级,最终发行成功了 1 亿元三年期的债券,不仅大大降低了企业成本,还提高了资金使用率,除了对前期流通资金进行置换,还把资金用于改造工艺美术大楼、扩大经营生产和购置原料,为以后的发展打下基础。

对企业来说,发债有一定的门槛和风险,比如有发债额只能是净资产40%的红线约束,固定资产多的大企业容易发债成功;发债要对企业信用进行严格评级,那些信用好、有过成功发债并偿还的企业,会得到认可,发行的利率和条件也会更优惠一些;发债要对企业的盈利模式进行很好的梳理和承诺,否则投资人不会认购。

那么轻资产的中小文化企业就被挡在发债大门外了吗?针对新兴文化企业资产规模较小、单体债券难以成功发行的现状,多地已推出文化类企业中小企业集合票据。文化部文化产业司相关人士介绍,这就解决了单一企业因规模较小不能独立发债的矛盾,降低了融资门槛。

北京三浦灵狐动画公司作为一家专业动画公司,虽然积累了不少无形资产,但由于动漫的盈利点不高,企业进入一个发展的瓶颈期。北京石景山金融办组织文化企业进行集合票据的培训,陈功了抱着试一试的态度开始接触发债,由北京银行主承销,组织另两家公司成功发行4500万元的中小企业集合债,三浦灵狐得到了300万元资金。陈功了将这300万元用于动漫衍生品推广,开发了有动漫标识的500个饮料售卖机,很受孩子欢迎,企业盈利达1000万元,走上发展的快车道。

8.私募股权融资
(1)模式基本说明

相对于公募融资而言,私募融资可以灵活地运用于上市公司、上市公司与非上市股份公司以及非上市股份公司之间。私募融资可以采用以下几种方式:第一是设立资金信托,将其指定用途为股权投资;信托工具的好处是在融通资金的同时,还为投资者提供了风险隔离制度,能够保障本金不受损失。第二是设立产业并购基金,产业并购基金的募集对象主要是机构投资者,投资对象是非上市企业。第三是引入私募股权基金,私募股权基金的募集对象主要是富有的家庭或个人,投资对象和资金运用方式十分灵活。

(2)模式总体特征

①通过私募形式对非上市的文化旅游企业进行的权益性投资。

在交易实施过程中通常附带考虑了将来的退出机制,即通过上市、并购或管理层回购(MBO)等方式,出售持有的股份获利。

②投资运作期限较长,属中长期投资。

股权投资的盈利模式决定了股权投资的长期性和不确定性,因此通常应根据所投资对象的期限设置一定的封闭期,保证投资计划不会因为部分投资者的赎回影响整个投资计划的利益最大化。

③对产业知识有较高要求。

PE看一个行业是否具有投资价值,主要看这个企业在所在的领域和市场是否处于产业发展S曲线的高速发展期。如果太早,则整个行业还没有起来,风险太高;如果处于后期,市场没有成长性,企业价值不会快速发展。

(3)模式应用存在的问题

①挑选出管理好、成长性高和拥有值得信赖的管理团队的投资对象十分关键,这也是私募股权投资的难点,因为管理团队是一群对产业知识熟悉但存在个体不确定因素和道德风险

的优秀群体,很难做出科学的准确判断。

②文化旅游企业在市场趋势、发展策略、技术和产品等方面更难以准确判断,也很难在技术和产品上建立核心竞争力,加上人事管理、组织运作的非财务信息,因此私募股权投资的融资渠道,实际在文化旅游企业应用有限。

(4)模式创新

创新引进信托公司的PE经营的商业模式。信托公司PE经营安排上,信托设计通常采用有限合伙原理,信托人风险有限。目前PE从业机构主要有各种产业和创业型基金、大型实业公司的投资部、投资银行等,它们都是文化旅游项目的投资主力,其优势分别是对行业熟悉和有上市资源。信托介入文化旅游PE在中国国内刚刚起步,优势是具有融资通道。

案例:湖南文化旅游产业投资基金

(文化旅游私募股权基金,即文化旅游PE基金)

基金概述

湖南文化旅游产业投资基金(以下简称"基金")主要用于通过参股方式吸引社会资本共同投资文化旅游企业(以下简称"参股企业"),充分发挥政府性资金的放大作用,推动我省文化和旅游产业更好更快的发展,扩大湖南文化、旅游产业在全国的影响。

基金类型为封闭式基金,存续期限为10年,总规模为人民币30亿元左右,共分为三期:第一期9亿元,第二期12亿元,第三期9亿元。基金采取定向募集的私募方式,主要面向相关政府机构、国有控股企业及具有长期股权投资能力的境内机构投资者。

基金采取有限合伙企业形式设立。基金扩大规模时,采取第一期投资人同比例增资、不同比例增资或者设立新的有限合伙企业或其他组织形式的方式扩大基金规模,具体方式届时由理事会决议。

基金设立坚持"集合投资、专家管理、分散风险、运作规范"的基本原则,立足湖南,面向全国。基金投向遵循支持湖南文化旅游产业发展和资本收益最大化的原则,体现"三个导向":一是改造性导向,即投向现有产业的扩大、升级和优化;二是整合性导向,即利用融资平台,进行收购兼并,提高产业集中度;三是前瞻性导向,即投向新技术、新产品、新平台。

基金管理机构

理事会为基金的最高管理和决策机构,由出资人或出资人主管单位委派代表出任。理事长为省人民政府副省长李友志。

政府设立的基金管理中心为理事会的常设办事机构,具体负责理事会日常事务,归口省财政厅管理。

基金实行委托管理,由湖南达晨文化旅游创业投资管理有限公司担任基金管理人。

基金投资方向

基金主要投资领域为:数字电视产业链;出版发行产业链;影视、音乐、动漫、游戏等内容产业链;文体教育产业链;文化旅游产业链;工艺美术产业链;新媒体产业链;创意设计;广告策划;会展;景区、酒店、旅游服务等。

基金投资方式

基金主要以参股的方式进行投资,基金的参股企业应满足以下条件:一是实收资本在1000万元以上,最近一年净利润不低于1000万元,且具有良好的发展前景和上市预期;二是有明确的企业发展规划;三是管理和运作规范或可以规范;四是有比较健全的财务会计管理制度;五是没有受过司法机关或行政主管机关重大处罚的不良记录。

投资程序

基金管理人对拟投资项目进行筛选与调研,在尽职调查并通过内审会议后,提出投资建议。

基金管理中心对基金管理人的投资建议进行常规审查,必要时组织不同层面的投资评审。

基金管理中心根据风险控制调查和评审意见出具风险控制报告及相关建议,并提交理事会按规定程序进行决策。

理事会投资决策事项经由基金管理中心通知基金管理人具体实施。

基金投资退出方式

基金投资参股企业,在约定期限内退出,且最长期限不超过基金的存续年限。

主要退出方式有:发行上市、买壳上市、通过代办系统、产权市场交易、兼并收购、回购、打包出售、公开拍卖、其他金融创新工具等。

(六)现行的旅游投资模型及投资热点

1.旅游投资65533模型

针对全域旅游时代下旅游投资涉及的领域,总结为"旅游投资的65533模型",包括六类产品、五类管理、五大角色、三大综合、三大平台(见表2-4)。

表 2-4　旅游投资的 65533 模型

6	5	5	3	3
六类产品	五类管理	五大角色	三大综合	三大平台
景区产品；文体养生休闲项目；度假酒店与公寓项目；住宅房产；一级地产；商业街区	景区开发与管理；休闲营销与管理；休闲商业招商与管理；酒店经营管理；房地产开发与销售	投资商、开发商、运营商、服务商、区域中间商和开发运营商	旅游综合体开发（运营100~150亩）；旅游小城镇开发运营（1500~15 000亩）；旅游区域综合开发运营（10~100平方公里）	旅游商渠道、旅游组织与营销渠道，旅游OTA平台（线上旅行社）；预订与线上交易平台，新型旅游度假平台；投资消费结合的共享经济会员平台

2.旅游投资四大热点

旅游投资四大热点：景区提升、旅居度假、城郊休闲、特色小镇。

（1）景区提升

景区大战略的实施，关键在于创新体验（见表2-5）。

（2）旅居度假

旅居度假的特征：以居住为核心，进行周边旅游养生休闲等（见图2-3）。

基于旅居度假的特征，从避寒避暑度假、运动度假、康疗养生、主题型度假、度假养老、乡村度假等热点方向，归纳出旅居度假投资线路图。

表2-5　景区创新体验内容表

文化找魂	体验转化	休憩设计	商业模式设计	智慧化、社交化提升
文化梳理提炼与重构	转化为产品与体验	进行游憩方式的独特设计	进行景区效益优化	运用互联网+思维
选择合适的分类方式,进行文化梳理;制定合理的标准筛选;在满足市场及需求的基础上,进行文化重构	独特的观赏;刺激的感受;互动的场景;深度的感悟	结构要素设计;观赏方式设计;游乐方式设计;商品交易设计;系统旅程设计	收入模式;经营模式;营销模式;管理模式;投融资模式	旅游大数据搜集及思维;智慧化、社交化产品提升;智慧管理;智慧营销;智慧服务

(3) 城郊休闲

旅游休闲常态化,逐渐融入人们的日常生活,打造四大休闲旅游体验,包括乡村田园、温泉养疗、亲子游乐、郊野运动。

(4) 特色小镇(见图2-4)

这四大类热点现在正成为旅游产业开发中最重要的内容。旅游正在进入综合开发时代,在资本与现金流为核心带动的资本投资下,综合型的旅游开发需要我们跟上这个资本时代的这种共聚和需求来整合产业链,导入IP,形成综合发展结构。

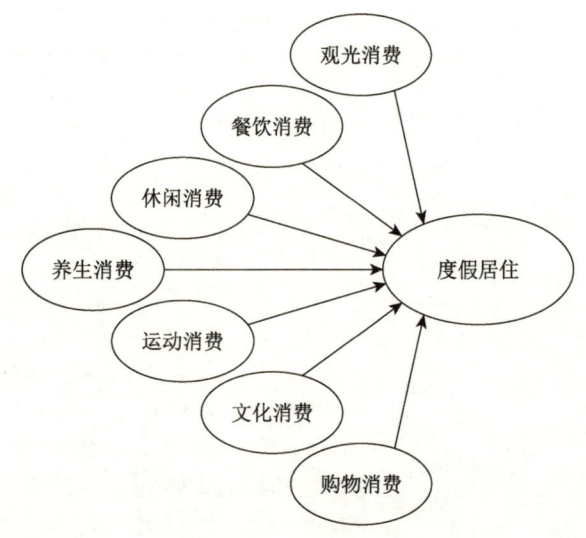

图 2-3 旅居度假的特征

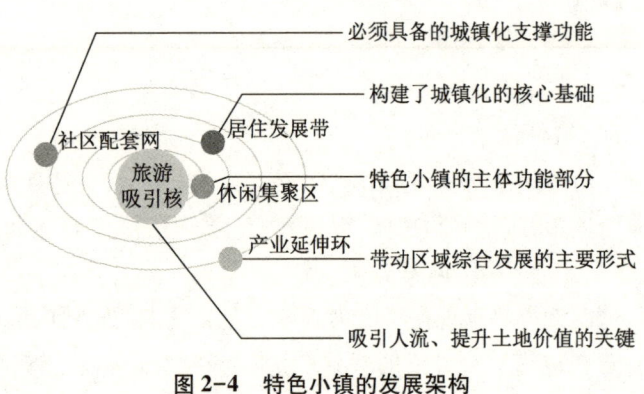

图 2-4 特色小镇的发展架构

在资本大时代下,旅游投资产业投融资模式没有具体的变化,消费拉动下,旅游作为引擎产业带动综合发展结构,为旅游产业的加快发展和投融资提供增长机制,未来必将带来更加广阔的美好前景。

二、旅游产业融投资的问题和成因

(一)政府的财政金融支持力度有待提高

近年来我国旅游人数激增,尤其是旅游高峰期间,旅游城市和旅游景点的公共服务设施面临巨大的压力。卫生、环保、交通、市政、文博、体育等基础设施使用率高度饱和,过去的历史欠账和新增旅游业对公共服务设施的需求难以满足的矛盾日益突出。这些因素既制约着旅游业的发展,也意味着国家的公共财政和金融政策仍有较大的空间可为。

2014年《关于促进旅游业改革发展的若干意见》提出加大财政金融支持。由政府引导,推动设立旅游产业基金。国家支持服务业、中小企业、新农村建设等专项资金。

2015年《全国旅游工作会议报告》中提出,要"与国家开发银行联合推出135个中国旅游投资优选项目,在全国投资增速放缓的情况下,实际完成旅游投资约7053亿元,同比增长32%"。国家旅游局将联合有关部门、金融机构和大型旅游企业,共同设立中国旅游产业促进基金,实行市场化运作,重点支持投资需求大、综合效益好并且具有示范作用的旅游项目建设。

(二)旅游业投资效率不高

1.旅游业投资效率不高,面临严峻的结构调整压力

结构调整压力表现如下:

(1)饭店总量失衡的同时还存在星级比例失衡,无法适应我国旅游市场上的国际旅游增长缓慢,国内旅游飞速增长的需求结构。

（2）旅行社市场化率、行业集中度、经营绩效等指标处于较低水平。

（3）从旅游景区看，中国优质景区资源较为稀少，整体规模不大，质量不高，存在着低水平铺摊和重复建设等问题。

（4）旅游产业链和旅游产品结构不合理。

以观光旅游为主的中低档产品占比较高，缺乏观光旅游、度假旅游、特种旅游、主题旅游等品种以及高、中、低档旅游产品之间的平衡协调发展，极大地影响了我国旅游产品在国际市场上的竞争力。

2.我国旅游资源投资效率低下的成因

在旅游产业要素中，旅游企业始终是产业内在运动的核心，中国旅游企业规模小，经营管理水平差，财务状况不佳，核心竞争力弱，这种企业能力的不足导致了旅游产业的投资效率低下。在与世界旅游强国的指标比较中，我国与国际差距最大的就是旅游企业，这是旅游业的软肋。

从产业链和分工体系来看，国际旅游市场都是批零关系，不同旅行社分工明确，分为批发商、代理商、零售商等层次分明的状态，还有部分从事专业化经营的旅行社。实力雄厚的少量大型旅游批发商从事产品开发、宣传促销等业务，零售业务主要由小社完成。而国内旅行社则是小而全，分工体系混乱。由此，产业整合应是我国旅行社行业发展重点。总体来看，中国旅游业存在投资效率不高，产业结构有待升级的问题。由于社会资本是目前中国旅游业投资的主体，因此旅游投资效率的提高有赖于中国旅游企业竞争力的提高。而在这一问题的解决过程中，资本市场功能的发挥有着至关重要的作用。

（三）旅游业投资和消费的银行信贷支持不足

从旅游业投资来看，"十五"和"十一五"期间，信贷投资占

旅游投资总体的11%,旅游项目之所以难以得到银行信贷的青睐,主要原因如下:

(1)管理体制原因。旅游风景区分属不同的行政部门管理且产权归属不清,贷款主体不合格而达不到银行信贷条件。

(2)多数旅游企业规模小、经营和财务管理上的随意性很大,抗风险能力较弱,客观上限制了银行信贷资金的进入。

(3)旅游业贷款抵押担保难落实。

一是旅游行业资产大都属于国家重点保护对象,其资产不能用于贷款抵押。二是担保机构数量少且规模都比较小,项目开发单位在申请贷款时又很难找到符合信贷要求的抵押物,金融机构出于审慎考虑而不愿过度介入,不少前景看好的旅游项目因无法获得金融支持而搁浅。三是旅游企业担保抵押办理较为困难,影响到信贷资金的支持。

(4)商业银行与旅游企业的融资信息不对称。

金融机构对旅游管理、发展规划、项目开发、融资需求不甚了解,对项目前景、预期收益、风险程度难以作出准确的判断,致使银行信贷投放难以适应旅游业快速发展的需要。

(5)旅游业投资额大回收期限长,不利于银行信贷投入。

尤其是基础设施建设和旅游景点资源开发投资所需要的资金量一般较大,建设周期较长,与信贷资金追逐高利润、保证安全性和流动性的特点背道而驰。

(6)信用制度不完善,信用体系不健全。

目前的旅游市场信用制度不够健全,市场信息的透明度不够,缺少有效的投资评价机制,银行信贷对旅游业的投入遇到许多信用环节的难题。

(四)资本市场对旅游的资源配置作用有待加强

1.中国旅游类上市公司数量和规模实力均有待加强

这主要表现在三个方面。一是数量少,地位不突出。二是规模普遍偏小,市值偏小,旅游上市公司总市值比重不到1%,与2015年旅游行业对GDP的直接贡献比重4.88%和综合贡献比重10.8%落差很大,和旅游产业未来在中国经济结构调整将承担的更为重要的作用更是严重不匹配。三是地域差异明显。四是资本市场发展深度不足,制约了企业融资和再融资规模,难以满足旅游产业快速发展的融资需求。

2.缺乏多层次的资本市场体系,不利于中小旅游企业迅速成长

目前中国旅游产业正处于升级换代时期,新型业态不断涌现,经济型酒店、旅游电子商务以其巨大的增长潜力吸引了风险投资的关注。然而遗憾的是,民间资本、中国的风险投资资本却并未享受到这些旅游行业快速增长所带来的价值增值。制约中国风险投资乃至产业投资基金发展的主要障碍就是缺乏创业板市场,风险资本缺乏有效的退出渠道。在所有的环境因素中,资本市场对融资活动影响较为显著。企业融资方式的选择、融资机制的健全、融资结构的合理在很大程度上取决于资本市场的健全。由于资本市场的不完善,阻碍了旅游企业融资功能的健康发展,因此要优化旅游企业的融资结构,必须首先完善和发展多层次的资本市场,并通过资本市场的发展促进旅游企业融资行为的规范化,改善其资本结构。因此,亟待国家建立多层次的资本市场,为那些达不到主板市场的上市资格却有发展前景,又急需发展资金的中小企业提供股份发行和交易的场所。

"十一五"期间,我国初步完成了国有银行的改革,实现了

国有银行股改上市,为我国未来金融产品创新、金融市场体系的丰富完善以及货币市场和资本市场的联通奠定了基础。在"十二五"规划中,我国将继续深化金融体制改革,完善金融调控机制,加快多层次金融市场体系建立,随着上海自贸区的设立,我国金融业进一步开放,利率逐渐实现市场化,我国多层次金融体系的建立,对于旅游企业融资方式的创新具有重要意义。

3.以旅游资源开发融资为例

目前我国旅游资源开发商,可以从以下八个方面进行融资。

(1)银行信贷

银行信贷是旅游资源开发商主要的融资渠道。对旅游资源开发,可以采用项目信贷的方式借款。项目信贷要求自有资本投入25%以上,可向银行贷75%。开发商可使用以下资产作为抵押或质押:土地使用权、相关建筑物的所有权、开发经营权、未来门票或其他收费权,等等。目前,银行尚无完善的对旅游资源开发进行贷款的金融工具,但已有企业尝试开发经营权、未来收费权等质押的办法,并取得了成功。融资方式见表2-6。

表2-6　银行信贷融资方式

借方主体	资信担保方式
商业银行	质押、抵押
政策银行(国家开发银行、中国农业发展银行、中国进出口银行)	
卖方信贷	设备进口、担保公司
世界银行贷款	国家间支持性贷款

（2）私募资本融资

旅游资源开发商对自身的资本结构进行重组改制，设立股份有限公司。开发商以股份有限公司的主发起人身份，向社会定向招募投资人入股，共同作为发起人，形成资本融资。开发商也可以先成立自己绝对控股的有限责任公司或股份有限公司，再向社会定向募股，以增资扩股的方式，引入资本金。

融资方式表现为：战略投资人、搭车投资人、资产整合。

（3）整体项目融资

旅游开发商在开发中，设立若干个项目，并制作单个项目的商业计划书，按照投资界规范的要求，准备招商材料。依据招商材料，开发商可以向境内外的社会资金进行招商，其中可以采用 BOT 等多种模式，也可合成开发、合资开发、转让项目开发经营权等。

（4）政策支持性融资

充分利用国家鼓励政策，进行政策支持性的信贷融资，包括旅游国债项目、扶贫基金支持、生态保护项目、文物保护项目、世界旅游组织规划支持、国家及省、市旅游产业结构调整基金。

（5）商业信用融资

若开发规划有足够吸引力，开发商有一定信用，开发中的工程建设，可以通过垫资方式进行。一般情况下，工程垫资可以达到 30%~40%，若有相应的垫资融资的财务安排，垫资 100% 也具有可能性。

商业信用可以表现在很多方面，若开发能与开放游览同步进行，则可对旅游商品、广告宣传、道路建设、景观建设等多方面进行商业信用融资。

(6)海外融资

海外融资方式非常多,包括一般债券、股票、高利风险债券、产业投资基金、信托贷款,等等。海外融资目前受到一些政策限制,但仍有很多办法可以开展。这需要一家海外投资银行作为承销商,全面进行安排和设计。

(7)信托投资

新的《信托法》出台以来,信托投资公司已经拥有了很大的运作空间,并创造了一些新的金融工具。其中,以项目和专题方式发行信托投资凭证,引起了各方的兴趣。策划发行旅游信托凭证,把旅游项目打包,通过信托凭证,向社会集资。

(8)国内上市融资

由于存在门票收入不能计入上市公司主营业务收入的限制,目前资源开发类旅游企业较难直接上市。但通过将收入转移到索道等交通工具,以及以宾馆、餐饮、纪念品等项目包装为基础的企业,仍可走上市的道路,也可以吸引上市公司作为配股、增发项目进行投资。

综上所述,旅游产业发展的融资中资本市场的运作,仍处于十分原始的阶段。创造金融工具是金融界应努力的方向,但旅游企业及相关旅游管理部门,应该组织多方专家合作,研究如何将旅游资源的价值进行资本化,予以量化评估,从而使资源可以作为资本,发挥其撬动融资的功效。

(五)旅游金融服务产品开发滞后

与迅速发展的我国旅游金融需求和世界旅游强国的金融服务水平相比,我国金融机构介入旅游的时间短,旅游金融产品创新能力不足,旅游金融服务水准亟须进一步提高。从发达国家的情况来看,金融服务产品本身就是旅游服务产品的重要组成部分,发达的金融服务是保障旅游业运行和发展的必备要素。我国的金融产品少,服务水平不高等问题制约了旅游市场空间的进一步开拓。

三、旅游产业融投资发展路径

(一)加强政府对旅游业发展的财政金融支持

1. 制定旅游业发展总体规划管理,增强吸纳银行信贷资金的能力

政府部门应抓紧做好旅游业发展总体规划的制定和招商引资的落实工作,为旅游业发展与金融资源优化配置提供支持。加强信贷政策与旅游产业的衔接和协调。在制定旅游发展规划、选择重点开发项目时,应注意吸收金融机构参与评估论证,增强信息的透明度。

2. 加大基础设施投入力度,改善投融资环境

国家要适当加大对旅游基础设施的投入,适度增加用于旅游基础设施的国债资金,主要投向直接为旅游景区配套的旅游道路、垃圾污水处理设施、供水供电设施、自然环境和文化遗产保护设施等,并通过示范作用,促进各级政府增加对旅游基础设施的投入。以实施振兴东北、西部大开发、中部崛起等区域发展战略为契机,力争向中西部地区多配套基础设施建设资金,改善中西部地区的旅游基础设施条件,进一步挖掘西部旅游消费需求的潜力。

3. 加强旅游公共服务体系建设,完善旅游保险等化解旅游风险的机制

推动各级政府和行业中介机构加强旅游咨询服务、旅游信息提示、旅游紧急救援、旅游企业评估等公共服务体系建设。建立健全旅游保险制度,提高规避和化解风险的能力。

4. 建立旅游业的中介服务平台,改善旅游投融资的条件

一是建立旅游投资咨询平台,促使资金投向有市场前景、有经济效益的旅游项目。二是建立旅游投资信息发布平台。建立和完善旅游投资项目资料库,适时制定不同时期的旅游投资项目指南和指导意见,并通过政府新闻发布会形式向社会发布一定时期内的导向型旅游投资项目,以避免重复性、盲目性的水平投资。三是建立旅游投资交易平台,建立一个能够获得更多信息交流反馈的交易平台,使投资咨询、信息发布、融资选择、产权交易紧密联系,从而有效地完成旅游资源——旅游资产——旅游资金的良性循环。

5. 加强旅游的政策性金融支持,引领金融业对旅游的投资

为促进乡村旅游的发展,可考虑结合新农村建设,给予直接的财政支持。一是直接给予政策性金融支持。可由政府牵头,围绕乡村旅游,制定一系列的优惠政策和措施,并通过政策性金融机构予以支持。如争取使用世界银行贷款和国家开发银行贷款等。二是以直接的财政投入来带动其他的金融投资。对那些发展前景较好的项目和信用较高的中小型旅游企业,直接予以财政扶持,或是建立乡村旅游的专项建设基金,以用于旅游开发项目的贷款担保、贷款利息补助等。三是发放政策性的优惠贷款,由财政出资予以贴息。积极鼓励当地农村信用社和农业发展银行发放这类利率低、周期长的优惠贷款。四是进一步改革农村小额贷款制度,如放宽门槛,增加额度等。

6. 建立和完善旅游市场的信用制度,为金融服务打造良好的金融生态环境

各级政府在构建信用体系时,应针对旅游业的需要,加强信用制度的基础建设。为银行和其他金融机构进入旅游业提供良好的金融生态环境。

2012年2月,《关于金融支持旅游业加快发展的若干意见》指出,要充分认识金融支持旅游业加快发展的重要意义,加强和改进旅游业金融服务,加强旅游景区金融基础设施建设等;要合理调配金融资源,创新金融工具和产品,支持旅游企业发展多元化融资渠道和方式,支持旅游资源丰富、管理体制清晰、符合国家旅游发展战略和发行上市条件的旅游企业上市融资,鼓励社会资本支持和参与旅游业发展,全力推动旅游产业投资发展。

(二)提升银行对旅游业的信贷支持

1.完善信贷管理体制,切实加大信贷投入

(1)商业银行应增强服务区域经济,尤其是区域特色旅游经济的理念,充分认识旅游业作为国家发展的重要产业的地位和作用,制定支持旅游业发展的措施,适时调整信贷结构和信贷力度,以信贷结构的优化促进旅游经济的优化和升级。

(2)积极开展旅游投资信贷业务创新,建立适合旅游企业的审贷机制,允许有信用、有市场、有效益的旅游企业用其经营权和未来收益或其他潜在资产作为贷款的抵押物,取得贷款。

(3)针对旅游景区景点投资规模大、资金需求大的特点,尝试推行银团贷款模式。实行贷款中的利益共享,风险分担,增强银行贷款的抗风险性。

(4)简化贷款审批手续,提高放贷效率。

为增强对旅游经济发展的金融支持力度,各银行业机构应根据旅游产业的市场特征和资金需求特点,在贷款资金计划安排时适当增加对旅游企业的信贷权限和信贷额度,鼓励各银行业机构在每年的信贷增量计划中单独设立旅游行业信贷资金,力争每年旅游产业新增贷款的比重比上一年都有所增加;在审批贷款对象时优先考虑旅游企业的融资需求,用好、用活、用足贷款审批权和推荐权,在只有初审权的情况下应积极争取上级银行扩大授信范围和额度。

(5)加强对个人旅游消费市场的调研,依据居民的收入水准和信贷能力,推出银行的个人旅游消费信贷产品,适度开发旅游消费信贷市场。

2.找准财政、银行和企业信用的结合点,助推银行信贷对旅游的投入

(1)设立旅游担保基金或旅游担保公司,解决旅游企业贷款难、担保难的问题。

探索由财政部门和旅游企业共同出资建立旅游业担保基金,以解决旅游企业贷款担保难问题。可以由政府牵头,财政和企业共同出资,建立旅游企业专项担保基金。对于重点旅游开发项目贷款,在规定期限内,由旅游担保基金给予全额或一定比例的贴息,同时分担信贷资金风险,对重点旅游项目的贷款实行贴息和税收优惠,增强银行信贷投入旅游业的积极性。加强银行业机构与担保机构之间的信任与合作,共同解决旅游企业的融资困难问题。

(2)建立旅游企业与金融机构之间的有效联结机制。

充分利用人民银行组织的银政企洽谈会、项目推介会等,构建金融机构与政府旅游管理部门、旅游企业的信息沟通平台,切实解决融资信息不对称问题。引导金融机构适度参与旅游项目总体规划、前期考察与后期开发的全过程,形成旅游信贷支持与金融风险控制方面的长效机制。

(三)发挥资本市场对旅游业的资源配置作用

2012年7月,《关于鼓励和引导民间资本投资旅游业的实施意见》指出,要坚持旅游业向民间资本全方位开放,通过

民间资本推进旅游产业投资。鼓励民间资本投资旅游业,如合理开发旅游资源,经营、管理旅游景区,开发旅游产品,经营旅游车船业等,切实将民间资本作为旅游发展的重要力量。

1.鼓励旅游企业上市,增加旅游上市公司的数量

可积极优化成熟旅游景区资源配置,鼓励企业以市场方式兼并重组,进行股份制改造,做大做强,支持旅游企业优先通过发行股票、公司债券或可转换债券到资本市场融资。证券管理机构应配合国家发展旅游业的战略,向旅游业进行政策倾斜,积极扶持旅游企业上市。要重点照顾中西部旅游资源大省,积极培育以旅游名牌为支撑的旅游行业的支柱企业,鼓励旅游企业通过资本市场做大做强,开展资产重组和行业并购,促进旅游上市公司的区域均衡发展。

2.资本市场还应支持已上市公司通过增发、配股、可转债等方式再融资,扩大旅游上市公司规模,借助资本市场推动产业结构升级

目前我国旅游上市公司规模普遍偏小,盈利能力较弱,抗风险能力较差。要鼓励旅游上市公司借助资本运营手段,打破地区、部门和所有制的束缚,通过联合、兼并、资产重组、引进战略投资者等多种形式,组建大型旅游集团,盘活存量资产,实现低成本扩张,提高产业竞争力。随着多层次资本市场的建设不断向前推进,国家推出创业板市场、股指期货市场和融资融券市场等,场外产权交易市场也在逐步完善,这种多元化的资本市场的发展,为旅游企业尤其是中小旅游企业的资本募集和产权交易提供了重要的平台。中小旅游企业应抓住机遇,进行股份制改造,借助多元化的资本市场,培植品牌,资产并购,做大做强,迅速提升企业竞争力。

(四)加快开发和完善旅游金融服务产品

1.商业银行要为旅游业各方提供方便快捷、高效安全的支付结算手段

应积极研究市场需要,创新金融业务品种,推广信用卡、储蓄卡、公司卡、旅游卡、网上银行、手机银行、电话银行等新业务、新产品;要重视国际游客的金融服务需要,提供外币兑换、外卡取现、国际转账、本外币通用信用卡等全面的个人金融服务;为各旅行社之间的资金往来提供高效的结算手段,尽量减少资金来往时滞;全面整合本外币金融服务体系。

2.培育发展个人旅游消费信贷,创新消费信贷产品

简化银行信贷手续,建立个人信用评价体系。

(五)加快培育旅游风险投资和旅游产业投资基金

相比之下,我国的旅游企业,由于核心技术含量相对不高,所获得的产业投资微乎其微,虽然目前我国在旅游景区的开发与管理方面尝试了一些国际化的融资模式改革,但大量旅游产业资金来自于政府。中小旅游企业想获得足够的发展资金相当困难。因此我国要加强旅游企业的整体竞争实力,促使旅游产业升级,就应健全社会融资体系,积极培育旅游风险投资和建立机制灵活的旅游产业投资基金,带动产业投资在范围与数量上的扩大,推动旅游产业发展基金市场化运作。

我国可以考虑以政府的旅游产业发展基金为杠杆,借助市场机制探索组建以国有资本、民间资本、外资等为资金来源的旅游风险投资和旅游产业投资资金,以提高政府旅游产业发展基金的运作效率,并积极利用社会资本共同发展旅游产业。

(六)积极发展旅游保险

一是商业保险机构要积极开发多层次的保险需求市场,加强保险险种的研发,不断创新旅游保险产品。二是鉴于特色旅

游景区开发预期收益存在较大变数,很难得到保险业支持,因此需要由政府建立专项基金,对旅游产业中投资一些高风险项目的投资人提供担保和补偿。三是建立环境保险制度。要建立环境保险制度,确保旅游开发的环境承载力为标准,要在开发中保护,保护中开发,最终实现乡村旅游的可持续发展,以及社会效益、经济效益、环境效益三者的统一。

(七)开展项目融资

积极推进旅游项目融资创新,对已经建成使用但经营效益不佳的旅游项目可以采用 TOT(转让—经营—转让)模式融资,通过转让一定时期的经营权,一次性从经营者手中获取资金或贷款。对于无力开发的新建旅游项目,可考虑借鉴青岛污水处理厂项目 BOT 融资经验,采取 BOT(建设—经营—转让)模式融资,政府作为项目发起人为项目公司提供特许经营权,项目公司作为投资者和经营者安排融资、建设项目、承担风险。在协议的期限内经营项目收回投资并获取回报,再将经营权无偿移交给项目发起人。

2015 年 7 月《关于进一步促进旅游投资和消费的若干意见》针对增强旅游投资和消费,提出加大改革创新力度,拓展旅游企业融资渠道等内容。

(八)积极尝试资产证券化融资

一是选择优质旅游资产进行证券化试点,进而将其推广。可选择资产质量较好、信用级别较高的资产作为证券化试点,及时总结试点经验,进而将其推广,扩大证券化的范围;二是建立政府主导型的旅游业资产证券化市场。成立以政府为主导的抵押担保或保险,统一抵押申请和抵押合同,为抵押贷款的分类和打包组合创造条件。

四、案例:景区融投资

(一)我国景区融资主要困惑

影响旅游景区融投资难,既有内部因素又有外部因素。内部因素主要是景区经营状况和体制等制约,外部环境主要有二级市场的情况、流动性的强弱、融资条件的限制、产业政策、货币政策的调整等。但是最根本的还是旅游景区自身价值和盈利能力决定其融资的难易程度。

1.景区体制问题

我国绝大多数的旅游景区由政府成立的机构对景区进行经营管理,实行财政统收统支。大多数旅游景区都没有建立起所有权与经营权相分离的现代制度。其中许多景区都存在机构臃肿,条块分割严重,管理体制复杂;政企不分、政事不分,直接导致效率低下;景区管理理念陈旧,创新不足;组织制度不健全、经营管理不规范;景区管理法律法规不健全等诸多问题,导致各种资本不愿投资,也不敢投资。

2.景区经营问题

旅游景区债务负担重,还债能力低是目前困扰旅游景区发展的重要问题之一。部分旅游景区虽然账面亏损数额较小,但景区实际亏损严重。甚至相当部分旅游景区已经处于资不抵债的境地。在市场激烈竞争面前部分旅游景区已由于债务负担沉重,资产增值缓慢,经营风险进一步加大。

3.景区创新不足

景区创新主要体现在经营管理和产品创新上,景区大多经营管理不到位,产品研发水平不高。良好的经营管理是景区生存和发展的关键,景区产品的持续创新决定了景区的成败。大部分景区由于资金短缺、管理不到位、服务跟不上和产品开发能力薄弱,无法迎合市场发展趋势。逐渐丧失其本身的特点和竞争优势,逐渐失去市场,导致竞争力下降,影响到旅游企业的发展后劲。

4.投资风险问题

旅游景区投资具有投资大、周期长、风险大等特点,所以存在大投资商看不上,中小投资商(倾向于大型自然资源开发和基础建设项目)不敢投的窘境,所以旅游景区开发商很难筹集到足够的资金,而且项目一旦经营不善,将会产生巨大的打击。

5.融资渠道问题

旅游景区通过直接融资获取外源资金的渠道比较狭窄,通过间接融资获取外源资金的渠道非常困难。

(1)上市模式

目前主板市场(沪、深两个证券交易所)设置了十分严格的准入程序和限制条件,对开发商资质和信用的要求非常高,加之由于存在门票收入不能计入上市公司主营业务收入的限制。有些景区通过将收入转移到索道,以及通过宾馆、餐饮、纪念品等项目包装,实现了上市,但绝大部分旅游景区被拒于门外。专门为中小企业融资服务的创业板、"新三板"和"新四板"市场,由于受国内外多种因素的影响,旅游景区企业进入仍很困难或融资额度有限。

(2)发行债券

企业债券市场极不发达,并且受到政府的严格管制,即使是经营十分成功的旅游景区也很难争取到发债融资的配额;其他的融资渠道,如企业间商业信用以及租赁融资、典当融资等,也由于政策和思想认识等方面的原因,不是很成熟。

(3)银行信贷

旅游景区的信贷要求开发商自有资本投入25%以上,并使用景区收益权或资产作为抵押或质押,向银行贷75%。但由于银行尚无完善的对旅游资源开发进行贷款的金融工具,目前企业仅通过质押开发经营权、未来收费权的办法取得银行贷款。同时,景区开发商承担的经营风险相当大。

(4)政策支持性融资

即充分利用旅游国债项目、扶贫基金支持、生态保护项目、文物保护项目、世界旅游组织规划支持、国家及省市旅游产业结构调整基金等国际、国家及省市鼓励政策进行政策支持性的信贷融资。这种支持的定向性特别强,往往需要很长的申请和审批时间,且受到国际形势和地区产业政策的影响。

(5)私募资本融资

即开发商对自身的资本结构进行重组改制,并以股份有限公司的主发起人身份,向社会定向招募投资人入股,设立股份有限公司,形成资本融资。这种方式要求开发商具有良好的商业信用声誉,且资金的来源形式过于单一。

海外融资。海外融资方式非常多,包括一般债券、股票、高利风险债券、产业投资基金、信托贷款等。但目前受到诸多政策限制,需要海外投资银行作为承销商,全面进行安排和设计。

(二)主要融资模式及案例分析

我国景区主要融资模式以及各自的优缺点规整如表2-7所示,并进行分类阐述。

表2-7 主要融资模式对比分析

种类	优点	缺点
发行股票	单次融资规模大,解决短期流动资金问题,减轻财务风险	耗时长,手续繁杂,成本较高,面临信息披露和市场监管双重压力

续表

种类	优点	缺点
债券融资	手续简单,融资成本低	发行条件严格,增加公司财务风险
投资信托	可提供全过程、全方位一站式服务,综合财务费用低	融资规模小,资金使用期短,融资门槛高
PFI融资模式	改变风险由政府或者企业独自承担的局面	周期长,投资大,参与主体多,不确定因素多
银行信贷	种类和数量多,效率高,手续稳定,融资弹性大,成本低,财务杠杆大	还贷压力大,审查条件严格,企业经营要求正规,需要优良企业资质和信用
预收账款	减少投资环节,节约筹资费用,稳定销售市场,减少销售风险	程序复杂
典当融资	手续简单灵活,融资速度快	融资规模小,资金使用周期短,融资成本高

旅游景区在融资的过程中,建议采用多种融资模式相结合,不同的发展时期采用相适应的融资模式。

1. 上市模式

国内景区板块2015年实现总体收入124.47亿元,同比增长31.17%,国内板块旅游企业上市97家,旅游景区型上市公司23家。2014年数据显示,黄山旅游收入最高实现14.9亿元。宋城演艺收入同比增速最高37.78%,实现净利润2.65亿元,位居景区类企业榜首(见图2-5)。资源型景区峨眉山A、黄山旅游、桂林旅游、长白山收入增长率分别为66%、37%、33%、28%,均呈现稳步增长。传统景区资源优势明显,经营性资产主要以门票和景区交通为主(见图2-6)①。

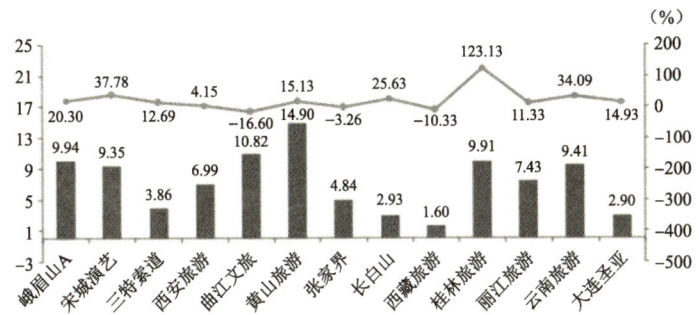

资料来源：公司公告，申万宏源证券

图2-5　国内上市企业经营现状——景区类

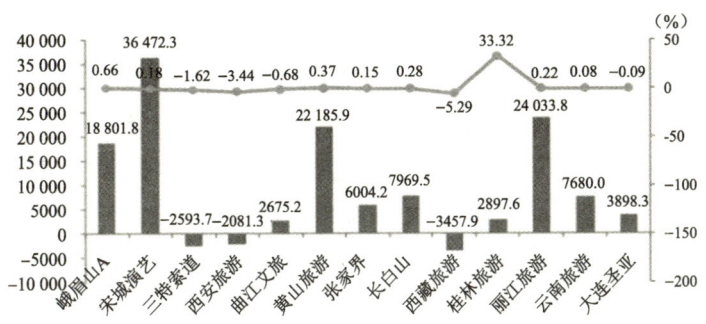

资料来源：公司公告，申万宏源证券

图2-6　景区类企业净利润

2.招商融资

张家界开发初期,由于资金有限,将天子山索道、黄石山索道、观光电梯等项目对外招商,利用投资商的资金开发建设,使

---

① 资料来源:国家旅游局《中国旅游上市公司发展报告》

景区的重大项目得以落地实施。目前天子山索道成为中国索道里面最赚钱的项目之一,每年收入达到一两个亿,成为景区成功招商的案例之一。

3. 门票抵押

武夷山风景区在申报世界自然遗产时有达1.2亿元的资金缺口,国家仅给予1000多万元的补贴,其他的需景区管委会筹集,无奈之下,景区用门票的经营权和收益权作为抵押,经过与多家银行磋商失败后,最后还是与农行达成合作,成功融资。后来,武夷山成功申遗,门票收入大幅增长,达到1个亿,旅游接待人数有70万。各家银行纷纷表示愿意放贷,支持景区建设。但是,武夷山管委会不再使用门票抵押贷款,而是采用经营放贷,每家银行授信1亿元,充足的资金助推武夷山景区快速发展。

4. 私募资本

武夷山旅游景区在股份制改造前,负债2000多万元,景区管委会经过慎重考虑,综合多方利益,决定引进投资,实行股份制改造。在保证国有风景资源收益的前提下,将门票收入一分为二,50%作为资源使用费,归属武夷山景区管委会,另外50%作为公司的正常收入。内部管理上,坚持管委会为主、政府为辅的方式,在股份制改造时,管委会的国有股份占51%,另外管委会还考虑到员工的利益,让景区每一个员工都持股,一股为15 000元,景区管理的高层、中层、一般员工都做分配,要求一般员工至少买一股。这种股份制改造,把国有资本、民间资本和员工利益有机地结合起来,是景区内部解决融资问题的可行渠道。

旅游景区通过上市、招商、债券、信贷、私募、典当等多种方式募集资金,进行结构调整,加大对旅游资源的开发和利用,完善旅游发展产业链,提升旅游景区的综合竞争力,对于整个景区发展具有重要意义。

第三章 旅游金融市场

一、旅游金融市场的界定

本章旅游金融市场的内容范畴限定在旅游业态的供应链金融市场和消费金融市场,因此对旅游金融市场的概念界定分为旅游供应链金融市场和旅游消费金融市场两个部分。

(一)旅游供应链金融

围绕旅游核心企业,管理上下游中小企业的资金流和产品流,并把单个企业的不可控风险转变为旅游供应链企业整体的可控风险,通过立体获取各类信息,将风险控制在最低的旅游金融服务称之为旅游供应链金融。

旅游供应链从原材料采购,到制成中间及最终产品,最后由销售网络把产品送到游客手中,将供应商、制造商、分销商、零售商、直到游客连成一个整体。在这个供应链中,竞争力较强、规模较大的核心企业因其强势地位,往往在交付、价格、账期等贸易条件方面对上下游配套企业要求苛刻,从而给这些企业造成了巨大的压力。而上下游配套企业恰恰大多是中小企业,难以从银行融资,结果最后造成资金链十分紧张,整个旅游供应链出现失衡。

旅游供应链金融最大的特点就是在旅游供应链中寻找出一个大的核心企业,以核心企业为出发点,为旅游供应链提供金融支持。一方面,将资金有效注入处于相对弱势的上下游配套中小企业,解决中小企业融资难和供应链失衡的问题;另一方面,将银行信用融入上下游企业的购销行为,增强其商业信用,促进中小企业与核心企业建立长期战略协同关系,提升旅游供应链的竞争能力。

(二)旅游消费金融

1.旅游消费金融的定义

旅游消费金融是指向旅游各阶层消费者提供消费贷款的现代金融服务方式。

相比旅游金融,旅游消费金融是范围更小的一个概念。从旅游研究的角度来说,旅游消费金融是旅游金融业务内的一项微观方面的业态,其主要受众是旅游消费者;而从金融的角度来说,旅游消费金融则是消费金融业态内应包含的一类具体业务。通过图3-1,可以更好地明晰这三个概念之间的关系。

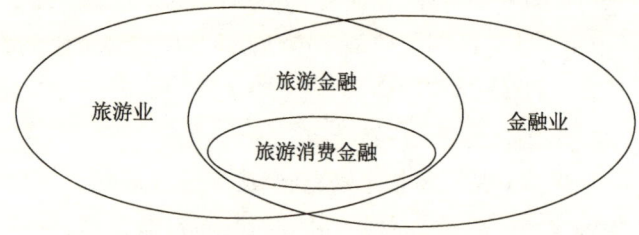

图3-1 消费金融、旅游金融、旅游消费金融概念关系

2.旅游消费金融的特点

(1)贷款额度较小

旅游消费金融一般的贷款额度是比较小的,几千元、几万元,很少有超过百万的贷款,在《消费金融管理办法》中规定消费金融公司向个人发放消费贷款的金额不能超过借款人月收入的5倍,旅游消费金融也在此范围内。

(2）审批速度快

旅游消费金融的贷款因为金额比较小，审批的周期相对较短，所以审批速度比较快，最快的个例可以在一天内获得贷款。

(3）文件简单

旅游消费金融贷款签约的文件也比小额贷款、银行贷款签的文件要少，准备的资料少，更为方便、简单。

(4）无须抵押、无须担保

旅游消费金融贷款为各个阶层的消费者提供贷款，具有无须抵押、无须担保的优势，但也不排除有些公司会在贷款比较大额的资金中要求物品抵押。

(5）还款期限长

在还款期限方面，每个公司有自己的规定，有的规定在半年内还清，有的规定在一年内还清，还有一些公司规定在十年内还清，所以旅游消费金融在还款期限方面的时间还是较为宽裕的。

(6）借款用途更为广泛

旅游消费金融贷款的用途基本涵盖旅游全方位的要素，借款用途更为广泛，适用于各个阶层的旅游消费者用户。

(7）利率不确定

旅游消费金融的利率并没有明确的条文规定，但基本服从银监会在《消费金融公司试点管理办法》中划定的范围，即每笔消费贷款将由旅游消费金融公司按借款人的风险等级进行定价，但最高不得超过央行同期利率的4倍，超过一毫一厘即成为法律界定的高利贷。

(8）高风险性

这里的高风险是针对旅游消费金融公司、平台来讲的，因为旅游消费金融的审批速度快，客户调查工作难免存在纰漏，因此产生老赖用户导致坏账。

二、旅游金融市场及其构成：平台提供商、交易风险管理者和风险承担者

旅游金融中的参与者被定义为法律及经济上互相独立的组织，这些组织协同参与了旅游金融运行的整个过程。狭义来看，金融服务提供商是所有致力于为其他机构的投资及财务需求提供金融支持的机构。广义看来，金融服务商包括所有有结算合同的机构，而非必须是链上的契约方。这就囊括了金融服务商、银行或者保险公司的资本投资、证券投资或者风险管理。在旅游金融的范畴中，最起码包括了狭义的金融服务提供商。

在全球商业研究中心（Global Business Intelligence Corp.）的研究报告中，旅游金融市场的参与者被分成了四大类，即除了旅游产业链的买卖方外，还包括平台提供商（旅游金融支持服务提供者）、交易风险管理者和风险承担者或流动性提供者，阐述如下：

（一）平台提供商（供应链金融支持服务提供者）

在旅游金融中，所谓平台提供商是为风险承担者或者流动性提供者提供必要应用（诸如电子账单呈现与传递，即票据、应收应付账款等）或基础的主体，它促进了采购订单、票据、应付等文件在旅游产业链买卖双方以及金融机构之间的交换与信息整合，它能使相应的参与方自动及时了解旅游产业链交易的过程和信用。

（二）交易风险管理者

交易风险管理者拥有交易、物流数据、聚合数据，并将整合的数据传递给投资者以做出相应的决策，它将各类不同的经济

主体有机地组织在一起从事供应链金融活动,包括旅游产业链买卖双方、第三方物流服务提供商、金融机构以及其他所有相关机构。其功能在于证实数据、整合数据、分析数据以及呈现数据,促进旅游产业链中金融活动的顺利开展。

(三)风险承担者/流动性提供者

风险承担者或流动性提供者是旅游金融中直接提供金融资源的主体,也是最终承担风险的组织。一般而言,这类主体包括商业银行、投资机构、保险公司、担保/保理机构以及对冲基金等。这类参与者一般发挥着三种职能:第一,直接促使资金放贷和信用增强。第二,后台与风险管理。第三,融资产品条款的具体安排,包括旅游金融产品定价或收益设计等,特别是如何通过旅游金融体系的建立,使旅游产业链参与各方获得相应的利益和回报。

三、旅游金融的基本业务形态

(一)旅游金融基本业务形态汇总

目前国内市场上的旅游金融基本业务形态汇总如表3-1所示。

表3-1　旅游金融基本业务形态

旅游金融产品	实现的功能	应用场景	代表企业	客户类型
供应链金融	应收账款融资	代理商、分销商、TMC等融资服务	溢美金融	企业客户
分期消费	降低消费门槛	个人出行分期	携程、途牛等OTA	个人客户
P2P借贷	融资需求	个人出游借款	兴业银行	个人客户

续表

旅游金融产品	实现的功能	应用场景	代表企业	客户类型
旅游众筹	权益众筹、产品众筹,低成本获客	民宿、特色商品等	京东众筹	个人客户
第三方支付	在线、无线端清结算,提高客户黏性	航空公司官网、OTA平台	易宝支付、支付宝	企业客户
旅游保险	意外保障,附加价值	航班延误险、旅行险	去哪儿	个人客户
旅游理财产品	旅游同时可理财,增加用户黏性	投资收益换成理财产品	阿里旅游宝	个人客户

基于表3-1,旅游金融产品的内容,可以将其进一步详解如下。

(二)旅游保险

这类旅游金融产品在市场上比较普遍,出现得也比较早,旅游保险产品主要包括游客意外伤害保险、旅游人身意外伤害保险、住宿游客人身保险、旅游救助保险和旅游求援保险,其中前三种为基本保险。还包括航空公司的航班意外险,和其他的特殊、小众个性化的旅游产品适用的旅行险种等。

然而随着旅游品种的日益丰富,以及消费者观念的转变,传统的旅游保险业务显示出越来越多的问题。

1.旅游保险产品设计不合理,种类有待丰富

我国的旅游保险产品主要有旅行社责任保险、人身意外险、交通人身意外险、住宿人身意外险、旅游景点人身意外险和旅游救援保险,保险责任范围小,选择余地小,难以满足自助游、特种旅游等新型旅游产品的要求,许多项目如潜水、蹦极等

属于主险的"除外责任",使旅游保险的实用性大打折扣。同时,有些保险公司在旅游意外伤害险中将价格高的死亡给付、伤残给付等列为主险责任,使游客无法自主选择低保费项目,结果导致低风险客户拒绝投保,高风险客户出现逆向选择问题。

2.消费者对旅游保险产品缺乏系统认知

旅客参团游玩基本不会考虑保险问题,甚至不了解旅游意外险和旅行社责任险的区别,旅行社工作人员为了以低价位吸引客户,不会主动推荐游客购买保险,阻碍了旅游保险的宣传渠道。

3.产品定价方式不科学

目前我国旅游险费率大部分是工作人员凭经验确定的,而不是靠精算技术,同时不同公司的产品互相抄袭。

针对以上问题,提出针对性建议如下:

(1)合理开发新产品,扩大保障范围

考虑旅游的食、住、行、游、购、娱等各个环节,将旅游景点推出的项目全部列入旅游保险范围,同时深入研究自助游、特种旅游等旅游产品的特点、风险和参与群体,根据需求提供具有针对性的专项保险。

(2)加强宣传,帮助消费者建立旅游保险消费意识

定期进行保险公司员工和旅行社员工的内部培训,宣传中注意结合案例,同时走品牌化道路,将旅游保险这种无形商品冠以知名品牌,给消费者提供了解旅游保险产品的渠道。

(3)提高保险业从业人员素质,用科学的方法合理制定保险费率

同时优化理赔程序,划清旅行社与保险公司的责任,防止由于责任认定困难而造成理赔难。

(4)加强行政监管,将是否投保作为旅行社考核的重要指标

在向旅行社办理经营许可证、业务年检的时候,应当对没有投保旅行社责任险项目的单位进行必要的惩罚,依法督促旅行社向游客介绍旅游意外险。

(三)分期消费和 P2P 借贷

分期消费的旅游金融产品,其功能就是实现降低消费门槛,比如境外游,许多消费者觉得价格比较高,通过分期消费的金融产品,可以通过低价格首付购买产品,先进行消费,然后分十二期、三十六期的不同期数来完成还款。

银行为个人旅游提供贷款支持也分为两种形式,一种是旅游贷款业务,另一种是信用卡分期付款业务。贷款旅游贴近每个人的生活,是金融与旅游相结合最直接便捷的方式,而信用卡分期付款的方式为自费旅游提供了可行性。

比较两种业务方式,旅游贷款额度高,但有一定门槛限制,适用于时间长、花销大的旅行。以"随兴游"旅游贷款为例,若贷款用作出国保证金,贷款期限可选 3 个月或 6 个月,贷款年利率为 8%;若贷款用作团费或境内外消费支出,贷款期限可选 1 年、2 年或 3 年,贷款年利率分别为 8%、9%、9%。

信用卡分期支付产品随意性大,但授信额度有限,适用于短期旅行。在授信额度内,消费者可选择分期付款的方式,但须按照期数交纳一定的手续费。以建设银行为例,该行提供了 3、6、12、18、24 期的信用卡分期业务,目前手续费分别为 1.5%、2.2%、4.4%、6.6%、8.8%。

如果超过了授信额度,可临时申请提高额度,但临时额度不能分期,需要在首次还款时一次性还清。

P2P 主要是一种融资需求服务、针对个人出游端的借款,

它的社会价值主要体现在满足个人资金需求、发展个人信用体系和提高社会闲散资金利用率三个方面。个人旅游贷款资金应用于借款人本人及旅游同行人员的旅游消费支出，包括：支付出国旅游保证金；开具用于签证的存款证明；支付旅游团费；境内外购物、租车等旅游消费支出；其他用于个人旅游的消费支出（见表3-2）。

表3-2　P2P一般融资情况

	最长授信期限	贷款子品种	单笔贷款期限
个人旅游贷款	3年	出国保证金类贷款（用于出国旅游保证金）	3个月
			6个月
		旅游消费类贷款（用于支付旅游团费或境内外消费支出）	1年
			2年
			3年

国内旅游信贷业务的问题主要体现在银行的风险控制上。由于旅游项目的开发具有很多不确定因素，消费者征信体系还不完善，因此商业银行对旅游信贷采取谨慎的态度，抑制了旅游信贷市场的发展。

要解决这些问题，建议采取如下措施：

（1）进一步坚定金融机构货币信贷政策支持旅游业发展的信心，增强服务区域经济、尤其是区域特色旅游经济的理念，认真开展调查研究，抓住机遇，积极寻求信贷支持我国旅游业发展的有效方式。

（2）将信贷投入与地方政府旅游发展战略相结合，了解政府和旅游企业金融需求，适当提供金融服务。

（3）旅游投入要集约化，区分重点项目和一般项目、长期支持和短期支持的关系,同时金融机构要加强合作和沟通,强化信贷投入的规模效应和有效性。

(4)政府和银行应积极完善信用制度,健全征信体系,制定个人旅游消费信贷政策。加强对个人旅游消费市场的调研,依据居民的收入水准和信贷能力,推出银行的个人旅游消费信贷产品,适度开发旅游消费信贷市场。同时各地旅游部门需加强与金融部门的沟通,在具体贷款条件、资格审查的规则中对旅游消费信贷予以适度的倾斜。

(四)旅游供应链金融(应收账款融资)

这类旅游金融产品主要实现的功能是应收账款融资和应用场景、代理商、分销商TMC等融资服务。

我国旅游企业应收账款的供应链金融产品,主要发生在旅游业态的中上游产业链环节中。产生的背景是信用缺失,主要表现在旅游企业之间的"三角债"问题。"三角债"是对旅游企业之间相互拖欠货款现象的俗称。在现实经济生活中,这种债务关系远远超出了"三角"关系,而成为一环套一环的债务链,"拖欠"已成为一种普遍现象。旅游企业的三角债问题在龙头产业旅行社中表现最为突出。旅行社的三角债与其他工业企业不同,分为线性债和三角债两种类型。起初是由拖欠源头组团社形成的一条线性的债务链,然后再由接待社拖欠其他旅游企业团款而形成的三角债。

组团社拖欠接待社团款的情况与他们之间旅游团款支付的方式有关。目前,我国旅行社之间旅游团款的支付有以下几类方式:现付团、预付团、系列团。以上旅游企业信用现状会引发一些问题,如增大企业的交易费用;削弱了旅游者的消费信心和投资者的投资信心;干扰企业间的正常经营活动;加大了金融风险;不利于品牌的树立;不利于旅游业的做大做强;使国家的政策法规效力大打折扣。治理旅游业信用环境,整顿旅游企业信用,已成为我国旅游经济生活中的当务之急。

针对以上问题集中出现在旅行社的环节,建议解决方案如下:

1.加强应收账款全过程管理,降低企业经营风险

企业应收账款管理应从被动的事后清欠转变为事前预防、事中跟踪和事后清欠的全过程管理。

第一,明确销售人员是应收账款第一责任人。销售人员应保留与客户交易中的一切相关书面文件,岗位调换时,必须对经手的应收账款进行清晰完整的交接。

第二,将应收账款管理列入管理层绩效考核。考核指标应明确并可量化,如应收账款占销售收入百分比、应收账款周转率等。制定考核指标时要注意分解到月,并与销售人员绩效挂钩,将应收账款管理渗透到各层各阶段,防止"平时不做,年底突击"的现象发生。

第三,建立信用管理制度,制定合理的信用政策。由于取得客户相关资料较为困难,旅行社可依据自身掌握的客户性质、客户付款情况、催收难易程度等对客户进行分析、建档和评级,同时结合办理业务特性设定合理账期及授信额度。首先依据客户性质并结合客户付款情况和催收难易程度确定信用等级;其次依据业务交易额大小、频繁程度,并结合业务收入确认时设定授信期限及授信额度;同时在制定信用政策时,还应注意授信审批权与审核权分离,即业务管理层对授信事项实施审批权、财务管理层对授信事项实施审核权。

第四,应收账款日常管理依赖于销售人员与财务人员的密切配合,缺一不可。财务部门依据销售人员提供的资料及银行信息进行结账、记账和账务清理,确保应收账款信息真实、准

确、及时。财务部门还应按周或按月编制应收账款动态分析表,组织销售部门负责人召开应收账款分析会议,对客户逾期欠款进行分析、跟踪和函证工作,明确应收账款第一责任人,并逐笔落实追索时限。

第五,当应收账款逾期或被客户拒付时,旅行社应根据客户付款时间、催收难易程度等重新评估客户等级,调整信用政策,以便进行下一次赊销业务;对于追缴过程中出现的问题及时进行总结,检查信用制度是否合理,从而完善应收账款管理的过程。

2.增强信息系统的开发与利用,对应收账款实行动态管理

由于旅行社每日交易频繁,且应收账款金额小、数量多,故应收账款动态管理必须与信息系统相结合。首先,旅行社应有一套功能完善的可监控的业务系统,业务报价、团队行程、团队结账情况等均通过系统进行管理,便于管理层监控;其次,旅行社财务系统应具备"单团核算"功能。应收账款必须做到单团核算和清理,同时结合客户授信额度、授信期限等出具应收账款账龄表,借助系统可以实时掌握应收账款的变动情况,变静态为动态。同时,为确保数据准确,业务系统与财务系统需做到无缝对接,业务人员与财务人员需定期清理两个系统中的相关数据,确保两个系统数据一致,形成业务财务一体化,提升应收账款的管理效果。

3.加强会计核算和监控工作,真实反映应收账款情况

旅行社应严格按照会计制度规范核算,确保应收账款的真实准确。

第一,正确运用会计科目,确保应收账款核算准确。注意应收账款科目反映客户欠款,切忌将提前收取的客户预付款计入应收账款贷方,客户余款掩盖欠款,从而导致应收账款余额

不真实。

第二，按权责发生制确认收入，反映应收账款真实情况。核算中应注意区分各类业务收入确认时点，避免拖延结账或款项收到后才确认收入的现象发生。

第三，明确应收账款对象，加强客户实体化工作。应收账款对象为公司客户的，必须明确客户名称，以便后期核对应收账款、邮寄询证函，同时防止业务员挪用其他客户款项填补实际应收款等舞弊现象发生。

4.加强同业间交流，共同提高财务管理水平

财务人员的综合素质直接影响到旅行社的财务管理水平，因此旅行社财务人员除了加强自身专业知识的学习外，还应加强同业间的交流；同时财务人员还需了解业务全流程，从而制定出切合企业自身实际、符合业务特点的应收账款管理制度，提供管理层所需数据、分析，实现核算会计向管理会计的转变。

（五）旅游众筹

主要功能体现在实现权益众筹和产品众筹，帮助很多有资金需求，有获客需求的企业来达到资金使用的目的，主要应用的场景是民宿和特色商品等。

旅游众筹属于旅游与互联网金融的新型交叉点，旅游众筹的本质是通过移动互联网，每一个人都是一个平台，每一个人都可以和开发终端、产品终端、运营终端实现连接，从而将客户导入到投资端、开发端和运营端依靠互联网平台，面向大众筹集资本并使投资者获得实物或非实物回报的一种融资模式，本质上是一种金融服务。

目前国内旅游众筹的市场发展现状可以归纳为以下几点：

（1）其中社交旅游平台有9个，通过以网络社交为切入点，寻求志同道合的旅行朋友，从而提供定制化旅行服务，盈利

模式以收取服务费、分期返佣、产品差价为主,预期筹资额以 100 万~300 万元为主。

(2)旅游商旅平台有 17 个,包含旅游租车业务、导游服务、智慧旅游在线预订业务,整合线上和线下旅游资源,专注于细分市场或打造整个旅游生态产业链,盈利模式以酒店、景区、航空返佣及广告收益、产品销售利润为主。预期筹资额以 200 万~300 万元居多。

(3)景区众筹(含农庄)有 5 个,通过众筹的形式为景区筹集资金,满足游客休闲体验的需要,盈利以门票收入、休闲体验项目、餐饮为主,筹资额以 500 万~3000 万元居多。

(4)酒店众筹占 10 个,以打造景区周边精品酒店为主或通过改造民宅焕发新的生机,其中餐饮、住宿为主要盈利来源,衍生产品如代订门票、出售纪念品为额外盈利,筹资金额以 100 万~200 万元居多。

(5)旅行社众筹占 2 个,春秋国旅和神州国际旅行社通过众筹资金开分店,融资额度为 60 万~160 万元,分别众筹成功。

未来的众筹旅游发展趋势更多的是朝着资本化、专业化、休闲化、产业化发展,打造旅游休闲产业区会成为主流。未来的众筹旅游将会更多地集中在传统旅游领域,如乡村旅游、工业旅游、古镇旅游等。通过众筹带来充裕的资金和思想的创新,完成对传统旅游基础设施的建造和提升,对传统旅游文化的深刻挖掘,将会给旅游带来巨大的嬗变。

(六)旅游理财产品

旅游理财产品就是在旅游的同时可以获得理财的收益,把用于旅游的钱先放在理财项目里,用时再取出来支付,这样既不影响支付,又能正常理财收益。举例说,购买一款旅游产品的收益情况与该产品发行的公司的股价挂钩。客户用 1 万元买一款90天到期的旅游产品,因在该期间内公司股价涨幅超过22.22%,再根据产品的收益规则(股价涨幅×1/2),不仅卡内余额能用于任何旅游度假产品的消费,还能在90天后获得1100元的额外收益。如果在90天内股价跌了或者不变,也能保证6%的年化收益率(目前余额宝的年化收益率在4%左右)。

目前国内的旅游理财产品主要还停留在培育市场的阶段,旅游理财产品的交易场景主要发生和完成在线上,线下的比例不高,产品的内容需求主要是旅游信托,体现在出境游的理财产品份额的附加价值突出,可用于办理资产证明、预订旅游产品。目前市场上做得比较有规模和效益的基本都来自OTA。

2014年12月24日,途牛旅游网推出了活期理财产品"途牛宝",迈出理财服务的第一步。据了解,"途牛宝"是途牛联合汇添富基金管理股份有限公司共同打造的首款货币基金型互联网金融理财产品。根据官网信息,"途牛宝"近期7日年化收益率在2.984%左右,万份收益为0.7143左右。同时,"途牛宝"支持T+0/T+1两种赎回方式。据了解,用户在途牛预订旅游产品时,用"途牛宝"支付,可享受5‰折扣;用户办理出境游时,还可选择直接冻结"途牛宝"金额,作为出境游保证金,享受便捷出游等服务。

2015年第二季度,途牛又相继上线了定期理财产品"牛稳赚""月月赢"、预约理财等产品,使得理财产品的投资金额、期限、利率变得更加多样;在2015年9月18日,宣布获批基金销售牌照之后,途牛着手打造"基金理财"频道,对接汇添富基金管理有限公司的各类基金。在一系列的布局之后,途牛理财平台已拥有途牛宝、基金理财、定期理财、预约理财等产品系列,能够一站式满足用户基本的资产配置需求。

途牛之后,去哪儿网也不甘落后。2015年6月17日,去哪儿网与平安银行在北京大学联合发布金融合作战略,发力场景化金融。据悉,双方业务合作的核心是平安橙子。作为主要依托互联网和移动互联网开展业务的创新型互联网银行,平安橙子将为去哪儿网超过8亿的激活下载用户提供余额理财产品,初期以货币基金产品为主,让旅行资金与理财服务无缝衔接,通过互联网金融+旅游模式,构建场景化金融。

平安橙子和去哪儿网联手推出的第一款货币基金是鹏华安盈宝货币基金,该基金在去哪儿网自有的金融理财平台"趣游宝"中售卖,官网信息显示,目前其七日年化收益率在3.706%左右。在与平安橙子合作推出的货币基金上线之后,"趣游宝"中又添加了与广发银行合作推出的广发直销银行"慧存钱"以及与恒丰银行合作推出的天弘增益宝货币基金,七日年化收益率分别为2.738%和2.777%。

(七)第三方支付

其实第三方支付是金融或者互联网金融在旅游行业应用的基础,它其实在PC端和无线端,都帮助企业做一些客户黏性以及清结算的工作,应用的产品是航空公司的官网和OTA平台等。

第三方支付在航旅购票中的作用较为明显,PC时代,人们更习惯通过电话、售票点、PC客户端购买机票;而移动互联网时代,通过一部随时携带的智能手机,即便是在旅途中,或者是上班通勤路上的碎片化时间里,就能轻松搞定一次"说走就走的旅行"。移动支付使得航旅业正在迈入"掌上时代"。

据人民网研究院主编的《中国移动互联网发展报告(2014)》蓝皮书显示,截至2014年1月,我国移动互联网用户总数达8.38亿户,在移动电话用户中的渗透率达67.8%;手机网民规模达5亿,占总网民数的八成多,手机保持第一大上网终端地位。艾瑞咨询的统计数据显示,2014年中国第三方移动支付市场交易规模达59 924.7亿元,同比上涨391.3%,第三方移动支付交易规模继续呈现超高速增长状态。易宝支付发布的主题为"移动支付与旅游出行"调研报告也显示,只有2.21%游客旅游出行时从不使用手机进行支付,移动支付已成网民旅游出行首选支付方式,第三方支付示意图见图3-2。

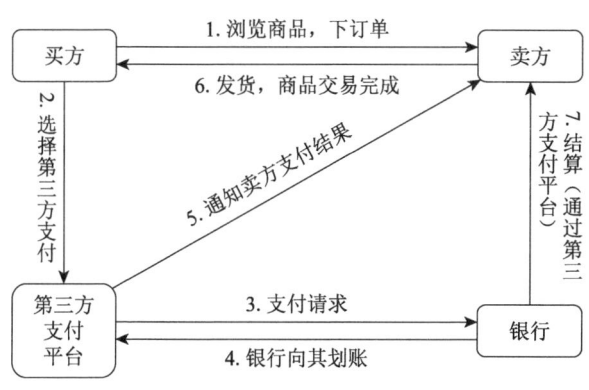

图3-2 第三方支付示意图

本章旅游理财产品以及第三方支付的详细内容还将在本书"互联网领域的旅游金融创新"一章中详细介绍。

四、旅游金融的资金来源与走向

(一)旅游金融的资金来源

我国旅游金融的资金来源目前主要有四种类型。

1. 大型批发商作为旅游金融的资金来源

大型批发商具有强大的渠道力,并且能以输送客流、会员共享等方式为条件,进一步提高自己对上游资源(景区、酒店、餐饮、交通)的议价能力。他们连接着上游无数中小型地接社公司,这些地接社在运营过程中需要大量的现金流来完成资金的滚动,但是他们利润较低,轻资产运营,融资能力不足,业务的发展受制于资金流规模的限制。批发商和零售商在通过长期频繁的业务合作往来后,能够对其资信状况、业务体量有相对客观和真实的了解,基于这些信息,给他们提供创新产品落地的资金支持、融资租赁服务,帮助优秀的旅游产品、地接服务进行开发、实现产品创意。

2.大型零售商作为资金来源

度假游行业中,消费者出游前向零售商预付费,零售商在消费者游玩归来后才和上游供应商结算,因此,零售商与上游供应商之间的结算周期往往长达1~2个月。这样会导致怎样的后果呢?从图3-3中可以看到,供应商一边面对上游资源需要垫付的保证金,另一边要面对零售商结算周期较长,资金压力上升。

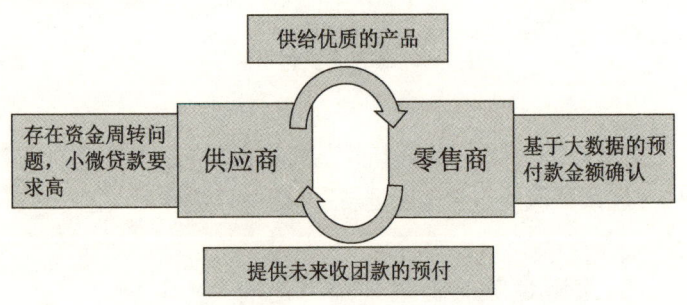

图3-3 资金在零售商与供应商之间流动示意图

资料来源:华泰证券研究所。

在这样的情况下,实力较强的零售商可以向供应商提供账期优惠,缓解供应商短期资金周转难题。比如旅游百事通对上游供应商提供的"预付宝",预付一定的未来团款从而缓解供应商短期的资金短缺。"预付宝"的最终目的并不是为了获得回流时所带来的增值额,而是通过这样的"合作",把更优质的产品纳入自己的零售体系中。

大数据技术为零售商提供了有效的风险控制手段:基于产生的大量历史交易数据,旅游百事通可以基本测算出该供应商未来几个月在旅游百事通的交易量,从而保证预付款不会多于未来的预期交易额。

3.旅游消费者作为资金来源(见图3-4)

零售商可以为游客提供行前预订和行中消费的预付/支付功能,给游客更多支付时间点和支付方式的选择,并以支付业务为入口,大力向上拓展旅游金融业务。这种情况下,消费者将成为旅游金融资金的来源,以零售商平台为媒介,帮助整个产业链中的每个参与者实现自己的战略目标:上游资源和地接社的产品开发、零售商的规模扩张和消费者先玩后付的预支旅行,都可以通过旅游零售商这个平台来进行自由活跃的融资。

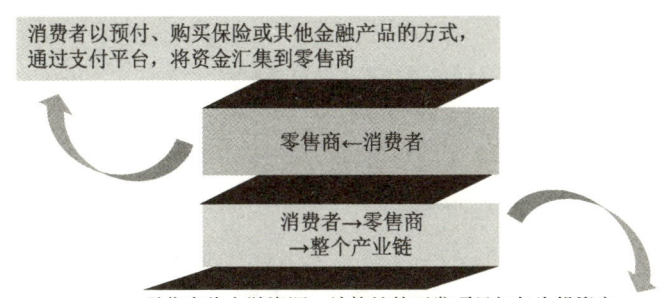

图3-4 旅游消费者作为资金来源示意图

资料来源:华泰证券研究所。

(1)消费者→零售商

消费者以预付、购买保险或其他金融产品的方式,通过支付平台,将资金汇集到零售商。目前,已有许多旅游产品零售商、代理商开始涉足金融。携程、去啊、去哪儿、途牛、凯撒旅游等在半年时间里发售近 10 款旅游金融产品。旅游行业具有很分明的季节性周期变化,预约淡季消费可以平滑批发零售商乃至上游地接、景区酒店的淡旺季收入差,减少整个产业链的收入波动性。程涨宝:"海岛游"预付产品见图 3-5。

以携程推出的"程涨宝"为例,是一款预付产品,其运作模式类似基金,消费者在线上平台申购产品,其收益不封顶,与携程股价挂钩,保本6%年化收益。不过"程涨宝"既没有合作基金公司,也没有其他金融机构,实际上是携程涉足金融领域的一步。

中信信托与凯撒旅游合作推出的"海岛游"消费信托,也是以预售的方式,使用户能以5折的价格购买旅游路线,前提是需要在两年内的淡季预约消费。消费信托实际上是通过认购信托产品,在有保障的前提下,获取高性价比且优质的消费权益。

图 3-5　程涨宝、"海岛游"预付产品

资料来源:华泰证券研究所。

(2)消费者→零售商→供应商等上游资源

零售商将上游资源、地接社的开发项目打包为投资产品,以 P2P 的模式,向消费者发售理财产品(见图 3-6)。

优秀的地接社项目往往缺乏开发资金,出色的零售商也可能面临规模扩张的资金约束,除了可以将自有资金或是消费者购买旅游金融产品所募得的资金,投放于这些收益前景良好的项目中,还可以搭建一个类似 P2P 平台的媒介,让融资和投资需求在线上自由匹配,让消费者变成投资人。这类产品可以包括:众筹旅游线路开发、众筹邮轮、海岛租赁、包机、别墅包租,等等。让消费者从产品的启动期就介入的好处,除了能汇集项目开发资金外,还可以意见众筹和开放式的消费者头脑风暴来完成旅游产品的设计开发环节,提高消费者在过程中的参与感,在这之后还可以协助上游景区、酒店或者地接社进行具体操作,满足和实现消费者对于一款旅游产品的想象。在建立了详实的信用备案后,零售商甚至可以鼓励消费者之间交互式的个人旅游贷款,最终实现整条产业链上资金的自由流动。

图 3-6 P2P 理财产品市场示意图

资料来源:华泰证券研究所。

4.金融机构作为资金来源

金融机构包括传统金融机构和互联网金融机构。互联网金融机构主要以支付宝、京东等大型平台为代表,同时能利用其平台上沉淀的数据资源优化旅游服务体系。

具体而言,旅游企业和金融企业合作有两种模式:一种是直接的深度融合,比如金融、保险、银行等投资一些酒店、景区、旅行社。另一种是金融企业与旅游企业在营销层面合作,为相互吸引更多的客户。比如旅行社通过银行为游客提供"小额贷款",实现旅游信贷、旅游促销。如去哪儿网和多家银行一起开发的旅游信贷产品"拿去花"。如国旅总社与中国银行、建设银行、工商银行等金融企业联合开展刷卡报名立减、赠礼等活动;与支付宝合作,全国门店支持"当面付"服务。在互联网金融机构代表中,如京东金融集团与首付游合作,京东把平台上的旅游白条产品全部替换成首付游品牌,并且为首付游提供每个月3亿元,年化6%的垫付资金。

(二)旅游金融资金的流向

旅游金融资金在整个旅游业态的运营流程如图3-7所示。

根据图3-7,整个旅游产业的资金流程走向可以解析为如下三个方面。

1.上游旅游企业金融资金走向

处于旅游业态上游的大中型景区、酒店、航空公司、租车公司等企业,资金沉淀较多,而且融资途径也比较广泛,无论是大额银行贷款,还是资产证券化、融资租赁等,都能满足其资金需求,资金流程走向的主动性强。

他们的融资方式通常有以下几种实现路径:

第一,他们会利用其相对强势的地位,要求下游企业预付。

第二,对于航空公司或者景区等企业而言,其拥有的物权可通过融资租赁、票务收益权质押、景区经营权质押等,与金融机构申请融资服务。

第三,景区、酒店等企业存在稳定可预测的现金流,可以以信托受益权作基础资产开发ABS。

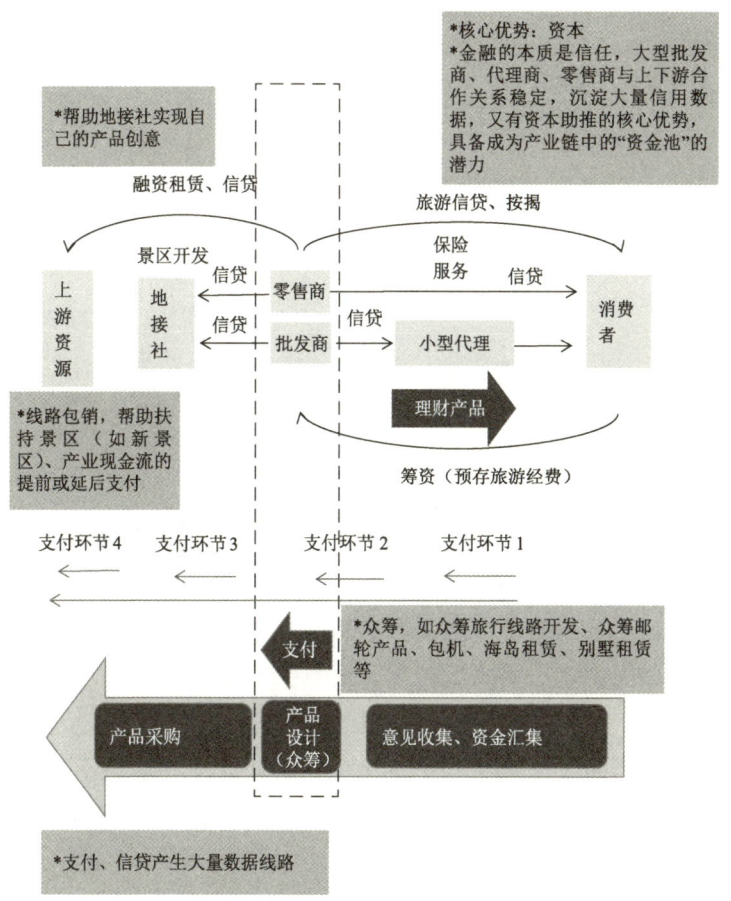

图 3-7 旅游金融资金流程

2.中游旅游企业金融资金走向

中游企业(批发商)既要面对上游企业垫付保证金、预付款等的资金需求,又要面对零售商结算周期比较长的资金压力,所以会有很大的资金需求。而批发商大部分资质较差,管理不规范,如果采用银行的小微企业贷款的话,速度慢、手续复杂,所以他们大部分与保理公司、小贷公司等非银金融机构合作,以解决其短期经营周转问题,活跃其资金流。

3.下游旅游企业金融资金走向

OTA、组团社等旅游零售商直接面向游客,可采用预付、购买保险等一系列金融产品,让资金汇集到企业。还可将上游资源、地接社的开发项目打包为投资产品,在 P2P 平台,向消费者发售理财产品、众筹产品等。

伴随着互联网金融的崛起,分期、P2P、众筹等模式的出现,处于旅游业态下游的旅游企业相比中上游的企业,与消费者互动较高,新兴的融资渠道比较活跃,资金走向在很大程度上不受限于中上游的企业,但会比较受限于资金提供方和消费方。

五、案例:溢美金融——解决中小旅游企业资金荒

(一)旅游行业金融服务痛点

国内传统的金融机构在大量地投资重资产领域,比如景区、景点、邮轮公司等,而 VC 则青睐 OTA 这类的平台,但在旅游领域里面最重要的组团社、地接社以及做周边游和民宿的从业者占到了这个行业从业者的 80%,而他们恰恰常被资本所遗忘,因为这些中小旅游企业规模小、无资产抵押、资金需求量小、频率高,所以他们几乎都被银行拒之门外,得不到快速的发展。

同时,旅游金融行业标准不清晰,行业规范混乱,使得市场上各类旅游金融公司良莠不齐,让绝大多数中小旅游企业在获取金融资金的信任值上降到冰点。

(二)溢美金融打造多元化金融产品

溢美金融以授信和投资为切入口覆盖旅游全产业链,为中小旅游企业提供"一站式旅游金融服务方案",充分发挥其自

身的优势,与银行推出合作产品,实现自有资金结合银行资金,做到无须抵押、3 天审批放款、随借随还、授信额度高、服务费率低等便捷、高效的服务。产品上针对不同需求的旅游,企业推出了标准化、多样化的金融服务产品,产品如下:

1.小额旅易贷

面向挂靠门市＆合作分社,提供简易快速的小额信用贷款,一年期授信,单笔用款 1~3 个月,额度可循环使用。企业贷款额度在 20 万~50 万元。

2.旅行社授信

面向独立法人旅行社主体,提供无抵押授信贷款。一年期授信,单笔用款 1~12 个月,额度可循环使用。企业贷款额度在 50 万~1000 万元。

3.景区收益权融资

面向民营旅游景区的未来收益权融资,景区质押未来一定期限内景区综合收入,根据实际情况按一定比例提前给予景区资金额度。授信期限 1~12 个月,企业贷款额度 300 万~5000 万元。

4.民宿客栈收益权融资

面向民营民宿客栈等的未来收益权融资,酒店质押未来一定期限内的综合收入,根据经营收入及毛利情况按一定比例给予授信额度,授信期限 1~12 个月,企业贷款额度 300 万~2000 万元。

5.旅游用车融资

为旅游大巴及车辆运输公司提供金融服务,破解旅行社购车难题。授信期限 24~36 个月,企业贷款额度 100 万~500 万元。

6.票代差旅垫付

面向企业客户的差旅月结供应商,根据服务企业的月结款项全额 T+1 垫付,支持企业固定账期或按日结算计息。

7.OTA 供应商 F+1 垫资

面向各大 OTA 机票、酒店供应商的 F+1 垫资服务,垫资周期为 T+1 至 F+1 之间的日期,按日计息。

同时,溢美金融结合旅游企业的产品、服务、特性等进行梳理和优化,继而设计出一套有针对性的旅游金融服务方案,最后通过风控及行业标准提供适合的旅游金融服务,企业也可按照不同的旅游产品设定不同的费率标准,也可按自身资金情况选择相应的金融产品。制定出旅游金融行业标准,构建一个完善的旅游金融生态圈,使旅游产业链金融实现真正意义上的"闭环",充分释放出旅游金融的价值。能够帮助中小旅游企业解决产业、服务、资金层面的问题,形成局部的垄断来提升盈利能力。

(三)具体案例实操解析——以应收账款、门票收益权为例

案例 1:北京某旅行社有限公司向某保理公司应收账款融资

1.案情阐述

北京×××旅行社有限公司(简称:公司 A)

公司基本情况介绍:成立于 2010 年,注册资本 800 万元,法人代表李某,持有公司 80%股份,其他两名股东各占 10%公司股份。公司主要从事东南亚地区旅游产品的销售,销售模式为:

(1)线上线下分销渠道销售:包含携程、途牛、神州、国旅等。

(2)自营旅行社门店及合作伙伴门店线下渠道。

法人李某担任总经理职务,为公司实际控制人,李某今年

46岁,在北京从事旅游行业20多年,先后担任旅行社业务、运营、管理岗位;其他股东均具备10年以上旅游行业从业或管理经验,公司在行业内资源丰富,业务稳定,对旅游行业发展及公司管理有深刻的了解和认识,公司已在北京地区成立3家直营门店,并有"×××"品牌的旅游网站,专人负责网站运营。

此次,北京×××旅行社有限公司向保理公司申请应收账款融资,融资金额100万元,融资期限3个月,融资用途为向上游航空公司的切位和景点门票的预订款。

资料清单:公司营业执照、章程、企业征信报告、股东身份证明、股东个人征信报告及个人家庭资产分布情况(房产等)、银行质保金单据、完整有效可验证的渠道合作合同、主要银行账户行流水及业务台账等资料。

保理公司在收到上述融资申请后,通过国家企业信用信息网站核实企业真实工商信息和提交基础资料的真实性和企业基本面进行分析,查看所有提交资料的完整性、合法性,对数据之间的合理性和匹配度进行分析,评估企业经营能力、运营能力、管理能力、业务合同的标准化字段和有效性验证、交易数据与银行流水对企业经营能力和盈利能力,进行分析验证,综合分析还原企业的真实情况;对企业的应收账款进行分析和回溯,对企业主要管理者的信用进行分析。

分析完基本层面后,保理公司风险管理员分别和公司法人李某、财务负责人、部分公司业务和运营人员进行了访谈,现场调阅了公司营业执照,行业许可证、章程、历次章程修正案、公司验资报告、银行质保金单据,历年来渠道合作合同和近一年的银行流水等资料原件。现场查看记录了主要网络合作渠道的对账系统。

2.案情分析

北京×××旅行社有限公司月均流水400万元左右,包括法人在内共有员工17名,其中工作三年以上员工5名,2年以上员工10人。员工相对稳定,主要销售渠道来源为平台(OTA),占公司业务来源的60%~85%,门店和合作伙伴推荐客户数量随季节等具有不稳定性,占比在15%~35%;毛利润率约为20%,净利润率在6%。同时,截止到调查日数据,客户在网络合作渠道的应收账款共有150余万元,占公司所有应收账款的80%。应收账款平均账期68天左右。

风控人员随后重点查看了北京×××旅行社有限公司与A公司和B公司等网络合作渠道的合作合同,通过系统或对账邮件核查近半年的应收账款的额度,并与银行流水一一核对。A公司和B公司为我国OTA中领先公司,北京×××旅行社有限公司与A公司和B公司产生的应收账款,都可准时按照合同约定时间到账,截至审查日,北京×××旅行社有限公司共在A公司和B公司平台产生110万应收账款。但风控人员发现,与A公司签订的合作合同即将到期,且A、B两公司均不接受北京×××公司转让应收状况。经中登网核查,北京×××旅行社有限公司并无登记任何保理业务,工商局网站也未存在股权质押情况,企业征信无欠款和逾期情况。

法人李某个人征信良好,个人资产包含北京市区价值800万元的房产一套,2015年购买宝马汽车一辆。李某妻子在某事业单位任科长,女儿今年上高二。

3.案情结论

(1)北京×××旅行社有限公司经营时间较长,经营稳定,公司管理层对行业认知和公司管理都有丰富经验。经现场尽职调查(包括但不限于经营情况调查,财务情况调查,企业法定代表人和股东经历调查)确认原债权人、债务人真实、合法、正常经营。

(2)公司基本面良好,管理规范、数据交易真实有效,企业通过经营每年有较稳定的净利润收益。

(3)经审核基础交易合同、印鉴、相关业务单据,确认原债权人已真实履约;经核查原债权人银行对账单及财务报表,确认应收账款真实合法有效,应收账款回收有保障。

4.授信方案

授信前提:给予企业100万元应收账款融资授信额度,有效期1年,支持回款自偿(随借随还)。应收账款池融资,折扣率60%。单次用款最长期限不超过80天。

用信前完成:

(1)北京×××旅行社有限公司提前完成与A网络平台的合作续约。

(2)北京×××旅行社有限公司出具股东会决议,将其在A、B两公司存量110万及未来业务存续期间的所有的应收账款转让给保理商,并在中登网完成保理业务登记。

(3)主要业务收款账户进行双方管理,并可动态对企业的经营数据进行查阅和模型分析。

(4)其法人李某夫妇对融资提供个人担保。

最后北京×××旅行社有限公司与保理公司签订了保理合同,完成单次放款。

贷后:动态查阅A公司业务台账、交易流水、企业基本面查阅;同时进行适当的回访。

使用本次旅游金融产品资金后,A企业业务规模增长率在30%以上,合作近两年来无逾期。

案例2:门票收益权融资

1.案情阐述

北京××旅游服务有限公司向某金融公司进行融资申请,以其门票收益权进行融资。该企业为民营企业,老板张某为上海人,有10年以上的旅游业从业经验,名下有8家旅行社门店,2009年开始公司计划投资自营景点,对景区进行选点及调研,经过比较后决定对A市的某处风景区进行开发,并获得50年经营权,于2011年8月正式投入运营,景区内10多个景点,主要以林木葱茏、天然氧吧、××池为主要卖点。现因景区扩充急需投入资金1300万元,自有800万元,申请融资500万元,融资期限两年。

2.案情分析

金融公司在接到该商户的融资申请后,对其基本情况、经营情况、法人情况、盈利能力、还款意愿等方面做了以下风险评估。

基本情况如下:

(1)提供的相关资料与原件相符;

(2)经查询该公司股权清晰,无被执行信息;

(3)企业及法人征信报告正常,无逾期记录。

经营情况如下:

(1)该公司的主要收入来源在景区门票上,门票80元一张(含划船);

(2)截止到2015年年底,共接待游客近9万人次,总收入达800余万元,总利润约300万元;

(3)景区服务人员的服务意识一般,但对景区发展前景看好;

(4)有财务团队及销售管理团队,但专业度一般;

(5)合同管理情况一般,但主要合同(与政府合作项目书等)可见;

(6)旺季(3月—10月)、淡季(11月—次年2月)。

销售情况如下:

(1)法人张某自有的旅行社门店进行销售占50%;

(2)投放OTA等销售占30%;

(3)散客占10%。

还款能力如下:

(1)实际控制人张某负债1200万元(房产抵押,还款期限10年);

(2)张某名下三处北京房产+车产共计约3200万元;

(3)法定代表人口碑较好。

3.案情结论

优势归结为:市政府支持、50年独家垄断经营权、多种渠道销售、大众口碑好评度提升、管理经验越来越足、资源保护措施到位等多种迹象表明该景区的发展前景很好,预计2014年可接待游客达10万人次,年利润可达300万元,在实际控制人各种征信及口碑良好的情况下,基本判定该项目可做。

劣势归结为:仍有一定的经营风险,如景区内的保护措施不够完备,财务管理相对落后等。

4.授信方案

授信前提:

(1)控制商户的门票销售收入回流至金融公司(门票收入账户交由金融公司管理);

(2)质押51%的股权,门票收益权归金融公司所有;

(3)实际控制人夫妻双方签订无限连带担保协议;

(4)门票收入每月还款(按梯度和分期)。

放款完成后需要定期地进行商户回访,了解景区发展情况;定期查询各种公开信息;通过第三方支付平台或子母账户查询该企业的流水情况。

最后,该金融公司顺利收回该笔融资款项。

六、案例:途牛旅游网的旅游金融业务

作为重资金行业,对供应商按周期借款,而消费者提前付款,从而形成大额资金沉淀,因此可以发展金融业务来利用这笔资金。

"前十年,我们一直专注于旅游度假,同时在金融领域栽培了一棵小树苗。经过几年发展,这棵树苗已经有了成长为参天大树的趋势。"

在北京举行的途牛十周年战略发布会上,途牛旅游网CEO于敦德宣布途牛将成为集团化公司,业务将拆分为旅游度假子公司和金融科技子公司两大板块,同时还将推出创业合伙人计划,由旅游产业向旅游生态转变。"因为我们想要的不是一棵参天大树,而是一片森林。"他说。理想虽丰满,现实却骨感。从2016年各大OTA(旅游电子商务行业)公司公布的季度财报数据看,在线旅游行业仍深陷亏损泥潭。低毛利、高流水一直是旅游行业难以言表的"常态",为了解决这两大行业痛点,不少企业纷纷试水多业态发展,旅游和金融的融合或将成为OTA新的盈利点。

(一)集团化布局

回想起2006年刚"杀入"在线旅游领域,于敦德表示,10年前,途牛没有选择机票、酒店等竞争激烈、渗透率较高的标品市场,而是从当时冷门的在线休闲旅游市场起步,选择的是一

条符合行业发展趋势且有自己差异化特色的道路。

事实上,在创立之初途牛便奉行互联网轻资产的发展模式,避开了和其他OTA的正面竞争,集中精力抢占休闲度假旅游等非标品市场,而这一招在过去也的确屡试不爽,"要旅游,找途牛",途牛成为不少消费者出境跟团游的首选。根据途牛官方提供的数据,截至目前,途牛旅游产品和服务交易额占中国在线休闲度假市场份额的23.1%,位居中国在线休闲度假旅游市场份额第一。

在经历了盲目烧钱和投机融资的阶段之后,在线旅游行业开始面临着产品同质化和商业模式创新不足的局限,差旅市场的成熟也迫使OTA巨头把战火蔓延至休闲度假领域。易观智库《2016中国在线旅游市场年度分析报告》显示,2015年在线度假市场交易规模达到550亿元,同比增长58.2%,其中途牛、同程和驴妈妈三家专注在休闲度假领域的在线旅游企业市场份额都有明显的增长。

在途牛旅游网总裁严海锋看来,多样化的客户需求正驱动旅游产业链改变。"以往机票客户主要以商旅和出差为目的,但是现在机票市场、酒店市场增长的驱动力有很大比例是由休闲游客户贡献的。这是一个新的机会。"

2016年7月,途牛宣布正式进军在线机票、酒店预订市场,并推出"酒店+机票""酒店+火车票""酒店+目的地产品"等休闲旅游打包产品。途牛方面表示,截至2016年第二季度,途牛机票交易额是2015年同期的11倍,酒店交易额则为2015年的8倍。

"接下来我们要成为在线休闲旅游行业里面第一个实现盈利的公司。"于敦德在发布会上宣布,下一个10年,途牛将成为集团化公司,拆分为旅游度假和金融科技两大板块,主要的发展目标在于机票、酒店、金融、影视、婚庆等新业务板块的高速增长。

有意思的是,在随后接受媒体采访的过程中,于敦德向记者表示,"机酒业务"作为集团的新增板块,并不指望短期内可以实现盈利,希望可以通过集团化来支撑它快速的发展。

(二)金融反哺旅游

日前,携程、去哪儿、途牛以及新三板挂牌的驴妈妈都先后公布了今年第二季度或者上半年的财报,尽管四家公司营收均实现增长,但从利润上看仍然没有逃脱亏损的境地。曾经是行业里唯一盈利的 OTA 老大携程,由于收购去哪儿网已造成连续两个季度亏损。

具体到途牛的表现,2016 财年第二季度,途牛实现净营收为 24 亿元,同比增长 55.6%;净亏损 7.669 亿元,在同比和环比程度上都有所增加,和两年前刚上市的时候相比,亏损额度更是增长了 5.7 倍。

随着行业间的"肉搏战"越发激烈,旅游企业逐渐把眼光瞄向了金融服务产品。华美顾问集团首席知识官赵焕焱向《21 世纪经济报道》记者表示,旅游业涉足金融服务的意义是为了形成新的利润来源,而风险则在于其盈利需要大的流量。

2016 年以来,携程宣布成立金服业务板块,联合万事达卡推出的"携程万千赏"(Ctrip Traveler Rewards)平台;凯撒旅游和易生金服开展互联网理财、供应链金融等领域的合作;众信旅游与玖富金融成立合资公司,从事出境游及出境服务互联网金融业务。

相比上述布局,途牛无疑更早地切入了旅游金融服务领域。2015 年 9 月,途牛对外宣布旗下两家商业保理公司已获批,注册资金共计 13 亿元,成为国内首个进军旅游商业保理市场的在线旅游企业。2016年4月,途牛继续加码,宣布成立天津开汇融资租赁有限公司。

至此,途牛已拥有基金销售、保险经纪、商业保理、融资租赁等多张牌照。严海锋认为,发力互联网旅游金融业务对途牛主营的旅游业务起到了很好的反哺作用,促进了主营业务的增长。他说:"不仅可以为产业链合作伙伴提供丰富的供应链金融及保险经纪服务,同时能够为个人客户提供差异化的综合金融产品。"

严海锋表示,途牛还在影视、婚庆等方面进行了一系列布局,成立金融科技子公司,可以给予这些业务更多养分,推动其更快更好地发展。

易观旅游分析师朱正煜认为,旅游作为重资金的行业,同时对供应商按周期借款,消费者提前付款,从而形成大额资金沉淀,因此需要发展金融业务来利用这笔资金。与此同时,金融业务又可以对接供应商的借贷需求、设备租赁需求,消费者的分期消费等信贷需求,所以旅游+金融是很自然的发展趋势。

但他同时也表示,发展金融服务的难点在于其本身就是非常专业化和高风险的行业,需要专业人才储备和风险控制,这对旅游公司来说是相对陌生的领域。

第四章 互联网领域的旅游金融创新

一、互联网领域的旅游金融发展历程

产业互联网发展金融业务的本质是：围绕核心业务，拓宽客户，提升产业链黏性和客户体验。

互联网的运用，使长尾端群体集聚，其社会意愿及需求更能被表达以及被认识，因此而产生了广阔市场。长尾端市场个体较多，"免费"是最为吸引人的业务模式。通过免费入口，培育稳定客户群体及流量，为后续增值发展打基础。

"+金融"提高产业链黏性和客户体验。原有业务跨界金融的思路主要有两条：纵向地深挖价值链，发展供应链金融；横向地以免费入口开拓新业务，获取稳定流量后通过增值业务获利。

总而言之，原产业加互联网金融的总体逻辑为：在拓展长尾端市场的基础上，纵向价值链深挖以获得供应链金融发展，横向依靠流量拓展增值业务。原有产业在市场及业务上均得到发展，但是我们认为，其核心业务并未发生变化，"原产业+互联网金融"的发展仍必须以其原有的核心业务作为坚实基础（见图4-1）。

1999年在线旅游开始孕育，分别催生了携程、中青旅游网，彻底结束了传统旅游只依靠传单、呼叫、坐店的形式。2003

年,携程、艺龙的成功上市正式确定了在线旅游的整个市场。发展至今,在线旅游行业历经变革,形成了以产品细分、平台内容、资源整合为盈利模式的完整行业网络。

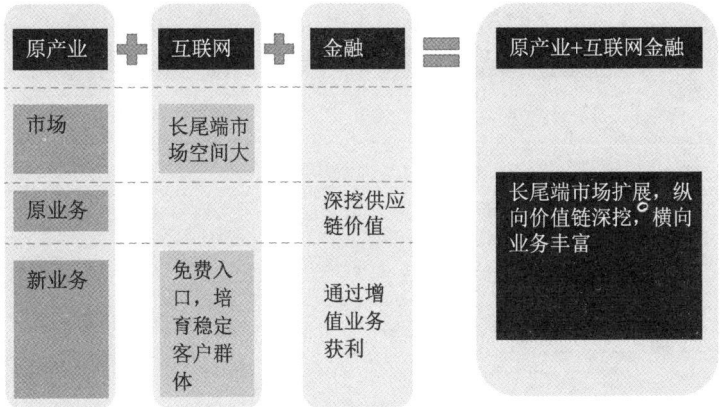

图 4-1　互联网平台发展金融业务——互联网拓宽市场,金融丰富业务

目前,整个在线旅游竞争呈现出两个现象:
(1)成熟平台者陷入产品价格战。
(2)细分切入的分羹者对蛋糕的瓜分。
前者是企业和行业的自残内伤行为,后者是分身乏术的客观表现,内忧外患,无法脱身。

然而,从 2014 年至今,各大在线旅游企业纷纷另谋出路,推出或者布局旅游金融产品。艺龙推出 3 款理财产品,投资期限分别是 15 天、30 天、90 天;携程发售首款名为"程涨宝"的理财产品;去哪儿正式内测"拿去花"旅游分期计划;同城宣布双十亿计划,设立总额为 10 亿元的信贷资金;驴妈妈推出小驴分期业务;途牛发布了首付出发、出境保互联网旅游金融产品;"阿里呸"宣布"双 11"期间上线 0 手续费分期旅游产品;优优宝与多家旅行社达成合作,推出"1 年免息分期、0 手续费"的旅游分期贷款。

不难看出,在线旅游金融化包括三大类:旅游产品分期支付、旅游保险类产品以及在线旅游平台上产生的理财增值产品,都在图 4-2 所示的互联网旅游金融市场产业链中进行营运。

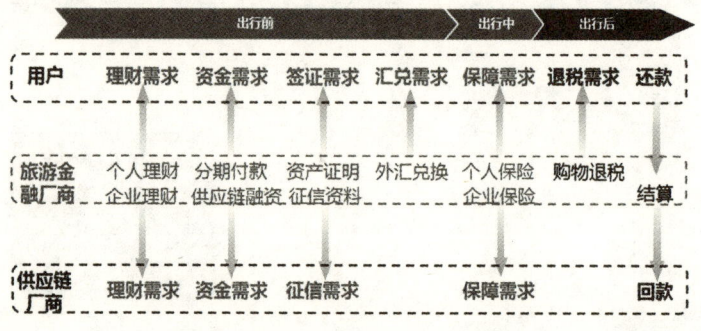

图 4-2　互联网旅游金融市场产业链

资料来源:易观智库。

来自易观智库的中国互联网旅游金融市场 AMC 模型,充分回顾了互联网旅游金融自 2013 年起到 2017 年的发展历程,以及对未来 2020 年的发展预测(相关分析见下文)。

二、互联网旅游金融产生的原因

需求与市场的巨大内驱,成熟的支付和信用市场的大环境,在线旅游亟须新的突破,在这三股力量下,旅游金融成为企业最明朗的寄托。其中的市场需求是最根本的驱动力。

来自易观智库 2015 年互联网旅游金融的调查报告显示,2014 年中国国内旅游人数达到 36.1 亿人次,出境游人数首次突破 1 亿人次。截至 2015 年上半年,全国出境游人数达 6000 万人次,同比增长 16%;国内旅游人数超 20 亿人次,增幅达 9.9%。与此同时,随着人们生活水平和教育水平的提升,整个在线旅游市场呈现低龄化趋势,30岁以下的用户群体合计占比超过一半,出境游市场增长更加明显,而且二三线市场渗透下沉趋势同样显著,占比超过一半以上。

不仅现有市场表现乐观,潜在消费市场也很可观。易观智库报告指出,12.6%的人靠一年可支配收入完成一次境内游有一定的资金压力,中高收入人群中约有41.2%的用户靠一年可支配收入完成一次出境游有一定的资金压力,整个中国在线旅游用户在出境游中高达40%以上的人群存在资金缺口的问题(见图4-3)。如果资金问题得到解决,释放的消费力将不可想象。

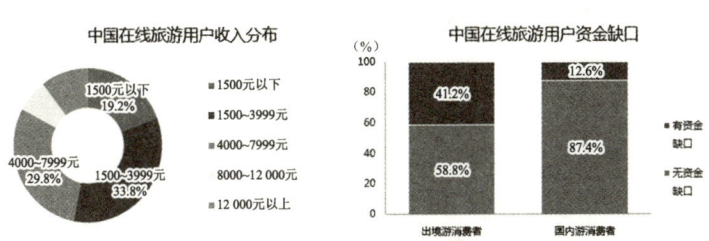

图4-3 资金因素是在线旅游特别是出境游发展的最大阻碍

在需求与资金的矛盾下,金融成了最好的解决手段。于是,在主流的旅游金融产品中,多以免首付、分期的授信类产品为主。由此可见,旅游产品的消费需求和资金的缺口,是促进互联网旅游金融产品爆发最根本的驱动力。

三、互联网旅游金融现状

(一)在线旅游亟待新的突破

2014年,同程网推出1元门票,大力展开移动业务布局。同年,同程收到了来自腾讯和携程近20亿元的投资,随后,同程进军出境游市场,继续推出千元游世界活动。同程1元门票的成功引发了整个行业的关注,导致驴妈妈、途牛也相继推出类似活动,各大平台围绕低价开始轮番暗战。

但是低价直接导致了产品质量、服务质量等问题。平台活动资金从下游索取,下游利润空间大大缩水,所有的利害成本都直接转嫁到了消费者身上,诸如销售绑定、虚假宣传等各种阳奉阴违的做法,导致各类旅行社事件上升到社会问题。

在同程的发展中,大家纷纷力证资本对市场的强大影响力,在恶劣的竞争和资本巨大的杠杆作用下,金融与旅游的二聚合体模式让企业看到了大希望。

(二)成熟的信用和支付体系是有效的推动

2014年,阿里余额宝掀起了一拨又一拨的平民理财热潮,饿了么、滴滴打车也纷纷助推在线支付的普及。2014年,行业内的主流话题是O2O,到了2015年,春晚捧红的不只有贾玲,还有微信红包,而P2P则成为另一个被广泛关注的话题。

在线支付已经渗透到了人们的生活中,嫁接在支付工具上的理财产品自发得到了响应,全民理财的观念越来越开放,超前消费越来越被接受,这些都为分期旅游等旅游产品的顺畅推行提供了保障。

(三)与资本联姻后的启示录

目前已有的旅游金融产品主要包括三类:分期类、保险类和理财类,首先以分期首付类产品居多,其次是保险产品,最后是旅游理财产品。分期类、保险产品更多是作为消费者购买链条上的补充环节,并非严格意义的旅游金融产品。

而对于理财类产品来说,以程涨宝为例,它归属在携程网的礼品系列,消费者购买卡种之后,完成资金支付获得礼品卡相关凭证,在固定的时间(程涨宝为90天)后享受资金增值,最低年化返利6%。资料显示,2014年程涨宝的人均增值收入达1500元,发售3天销售额近2000万元。

在线旅游平台推出真正意义的旅游金融产品天然存在很高的政策风险,所谓的旅游金融更多也只能在金融化层面做文章。如此一来,产品设计就有很大的局限性。

(四)旅游金融需要再普及

首先,在线旅游市场发展迅速,出境游更是强劲增长。根据易观智库的调查显示,旅游金融接受程度较高的还是集中在高学历、高收入和一二线城市群体中,二三线城市旅游需求旺盛,可旅游金融消费理念还需要时间来培养。另外,整个旅游金融消费市场消费占比不到10%,却有将近40%的人群表示有兴趣了解。同时无兴趣的群体占比也高达30%以上,这部分人群不仅有真正的无消费欲望者,很大可能还包含许多对旅游金融没有概念的潜在消费人群。

其次,旅游金融产品门槛低,即使模式创新也很容易被复制,产品层面很难存在竞争力。未来,依靠资金补贴力度极有可能成为企业决胜的终极手段,直接倒逼创新意识的加速衰退。旅游金融的普及需要产品创新的支撑,而创新则需要良好的环境。

最后,新的复合型团队建设也是影响因素之一。包括二聚合体模式下受制于金融机构的资金周转问题,市场现存以及未来市场下沉后出现的消费者信用问题等。

(五)中国互联网金融现状

中国的互联网金融发展迅猛,发展空间大,从市场、消费者以及企业方角度,均与发达国家存在较大差异,发达国家互联网金融发展历程对我国企业互联网金融发展的借鉴价值较小。从市场来看,国内互联网金融市场仍然较不健全,利率市场化在初始阶段,信用体系不统一导致各大数据库难以对接,征信系统主要依赖线下而线上几近空白。

从消费者来看,用户较多、市场规模较大,而市场普及率较低,仍然存在较大发展空间,同时,居民储蓄率远高于美国,说明互联网金融的发展存在很大空间。从企业方来看,互联网使用率较低,而人力成本也远低于美国,表现出与美国不同的企业特征(见表4-1)。

表4-1 中美互联网金融要素特征存在明显差异

	要素	中国	美国
市场	利率市场化	刚刚有实质进展	1986年完成
	信用体系	机构不统一,数据库不能对接	市场主导,依需求建设
	信息征集	依赖线下,线上几乎空白	线上线下均已完备
消费者	互联网使用		
	用户(百万人)	632	277
	普及率(%)	46	87
	网络零售		
	规模10亿美元($)	298	270
	占零售业百分比(%)	7~8	6
	电商平台	淘宝/天猫	eBay
	商品数量(百万件)	800	550
	活跃买家(百万户)	231	128
	智能手机普及率(占手机总装机量的比例)(%)	54	69
	互联网用户中社交网络普及率(%)	60	73
	居民储蓄率(%)	30~50	0~5

续表

	要素	中国	美国
企业方	云服务渗透率(%)	21	55~63
	中小企业运营中互联网使用率(%)	20~25	72~85
	人力成本(员工薪酬占企业收入)(%)	10	23~35

国内互联网金融迅速发展,占GDP的比重已经超过美国、法国和德国(见图4-4),主要原因在于以下方面。

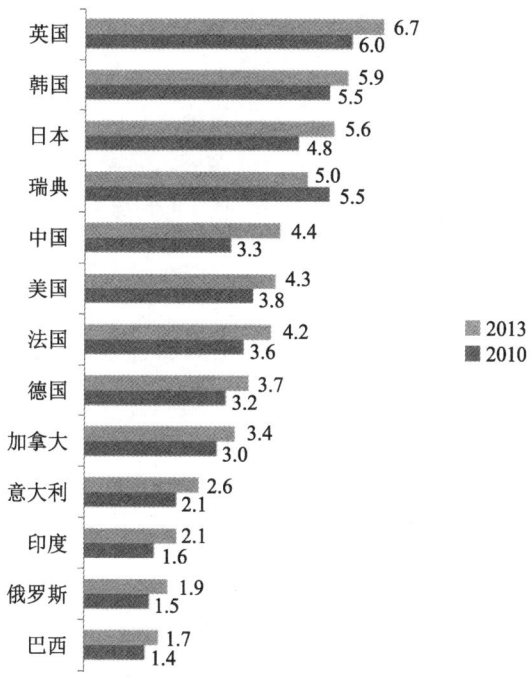

图4-4 中国互联网金融占GDP的比重与他国对比

1.人口红利放大规模效应,互联网成本优势凸显

互联网得以迅猛发展的主要原因,在于其时间和空间的覆盖能力在极大程度上降低了交易成本;而中国人口众多,地理位置分布分散的特点,为互联网的发展提供了极为肥沃的土壤。我国网民数量增长迅速,为行业带来了流量红利,放大了规模效应,互联网成本优势凸显。

2.大环境金融压抑,互联网金融为资本出口

我国金融自由化程度较低,主要体现在信贷控制和过高的储备要求,利率管制,进入障碍,银行国有化,资本账户管制,银行控制和监管和证券市场政策等方面,互联网金融的发展为资本提供了一个出口,大量被压抑的资本喷薄而出。

3.国家政策鼓励

目前我国传统经济趋于饱和,经济下行压力较大急需经济转型以保障经济稳定发展,而互联网能够对原有产业链进行全面的改造。在政策总体强调改革创新的大背景下,"互联网+"已经被提到了政策的高度。

四、互联网旅游金融即将进入加速发展期

从产业角度,旅游企业中,真正转型发展互联网金融的企业仅腾邦国际一家,腾邦国际是旅游要素 B2B 平台发展互联网金融的典范,众信旅游为后继者。2013 年腾邦国际启动小额贷款供应链金融业务和第三方支付业务,而后两年内相继推出 P2P、再保险、征信产品。2015 年 5 月,众信旅游公告非公开发行预案,其中 1.5 亿元用于建立出境互联网金融平台,而后两个月,公告拟参与设立寿险公司。

从逻辑分析,作为要素 B2B 平台旅游运营商,企业一旦具

备足够大而稳定的客户群,有必要开展互联网金融业务提升产业链黏性和客户体验,因此我们预判,从示范效应和互联网金融增效两方面,旅游企业将进入互联网金融的加速发展期。

目前来自易观智库的互联网旅游金融市场的发展预测如图 4-5 所示。

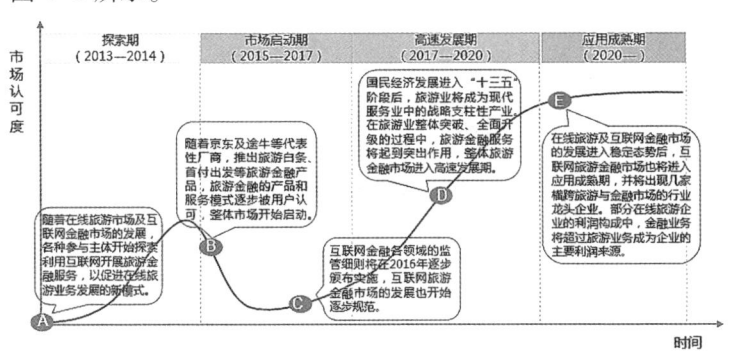

图 4-5　中国互联网旅游金融市场 AMC 模型

图 4-5 清晰显示了 2017—2020 年是中国互联网旅游金融的高速发展期,互联网金融进入全面爆发的环节。

(1) 站在市场大风口,旅游金融化,势在必行,要充分完善分期预付的金融工具和产品的无缝对接,做好旅游金融化。

(2) 充分意识旅游金融的重要性,将工具属性同时厘清到产品属性、品牌属性,作为平台的特殊性产品来做,和传统旅游产品形成两大独立业务,双向引流双重盈利。

(3) 单纯的分期授信还不足以释放旅游金融力量,需要在创新理财产品上更加胆大、心细,但宜保守推进,需审时度势不可冒进。

(4) 传统在线旅游网站需要精良的团队,跟进并把控工具和产品融合、企业资金流以及消费者信用体系的必要环节。

(5) 未来旅游金融会更加以人为本,表现如表 4-2 所示。

表4-2 未来旅游金融内容

目　　标	以满足旅游出行多样化、个性化、动态化服务需求以及消费金融理财服务需求,实践"以人为本"的基本理念
个性化	社会对信息的需要呈现个性化需求,新服务以大数据、云计算、移动互联、智能终端等新技术,开展个性化的移动服务,满足不同人群的需要
共享开放	建立旅游数据采集、共享和信息发布规范,推进旅游信息资源有序开放,明确各相关方在数据质量、标准以及信息交换方面的责任和义务,推动信息共享
社会化服务	鼓励旅游出行相关服务商,通过互联网、手机、移动终端等多种发布途径,实现对旅游出行相关信息的综合处理和统一发布
重点关注	利用智能手机和移动互联网开发的 ITS 应用越来越多,如基于手机地图的旅游信息服务、基于手机二维码和移动互联网的旅游消费服务、基于移动互联网云端的旅游信息服务、手机打车服务等

整体而言,旅游金融作为传统在线旅游企业全新领域的尝试,大有拓荒的勇气,能否成功绝非一家之力,旅游金融化也并不等同于旅游金融产品。掘金梦好,行路艰难。不管在线旅游的未来战场是不是旅游金融,但人们已经看到并认同该市场的巨大潜力,这足以让市场的每个参与者去尝这第一口螃蟹,揭开互联网旅游金融发展的序幕。

五、互联网旅游与金融的实操路径:纵向四流合一,横向六大产品

互联网结合旅游金融模式主要分为两个维度:纵向整合

与横向拓展。纵向整合是以核心企业向其上下游开展供应链金融模式,同时提供灵活运用的金融产品和服务的一种融资模式,使得产业链中较难取得资金的中小企业得到金融支持,从而带动整个产业链企业经营效率提升,优化生态服务圈;横向拓展是指以用户为中心拓展"长尾"用户,以平台和流量为基础延伸新型业务,如第三方支付平台、P2P旅游网贷、旅游网络保险、旅游金融理财产品模式等,丰富用户体验(见图4-6)。

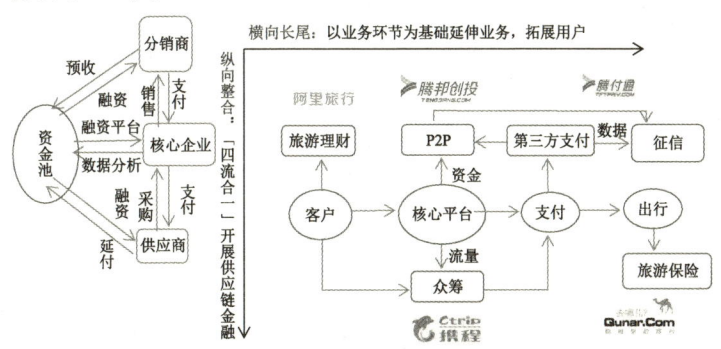

图4-6 互联网结合旅游金融模式二维图

(一)纵向:"四流合一"挖掘旅游产业供应链金融价值

1.旅游行业+供应链金融"四流合一",打造行业生态闭环

在"互联网+"的背景下,供应链金融价值进一步得到彰显,拥有第三方平台的核心企业可以利用与上下游企业的交易数据、交易流水等,通过大数据对企业信用风险进行评估,进而提供融资服务,使得信息流与资金流、物流与商流的有效互通,"四流合一"开辟企业融资新模式(见图4-7)。

不同于其他行业,旅游行业具有其独特性,对于融资需求方来说,旅行社需要对要素产品提前进行采购、打包组合,这一过程中要大量预付资金,资金需求量大。另外对于分销商尤其是中小代理商,如机票,经常因为结算周期问题,在向批发商提前采购时资金压力较大。

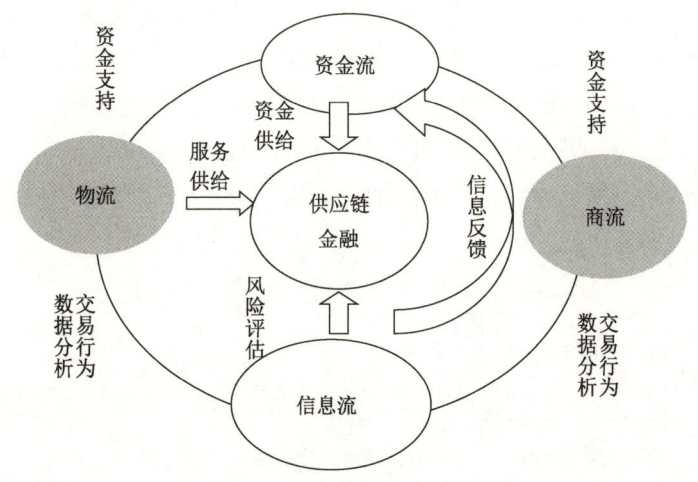

图 4-7 供应链金融"四流合一"

而融资供给方是旅游核心企业,这类企业往往具有网络平台优势,并能有效控制上下游渠道,其通过对分销商的预收与对供应商的延迟支付造成的时间差形成"资金池",并通过以往交易记录评估信用风险,从而对上下游企业进行融资。

在这一过程中资金流和信息流是最核心的部分。信息流是指核心企业可以通过其在线交易平台,记录上下游企业交易及行为数据,进行风险评估与信用评级;资金流是指各个环节之间存在的资金往来,包括要素采购支付及融资;我们认为在旅游产业生态圈中,供应链金融在核心企业搭建的互联网平台下实现资金流与信息流的有效互通,支持和加强了供应链上下游企业之间的货物、服务往来(物流与商流),从而打造了行业生态闭环,降低了融资成本,提高运营效率。

我们以要素商和在线分销商的供应链金融模式进行分析:①以要素商为核心开展供应链金融,适合控制关键要素具有较高议价能力的企业(机票、酒店、景区门票分销商);②以在线分销商为核心开展供应链金融,在线分销商规模较大、汇集大量信息是关键。

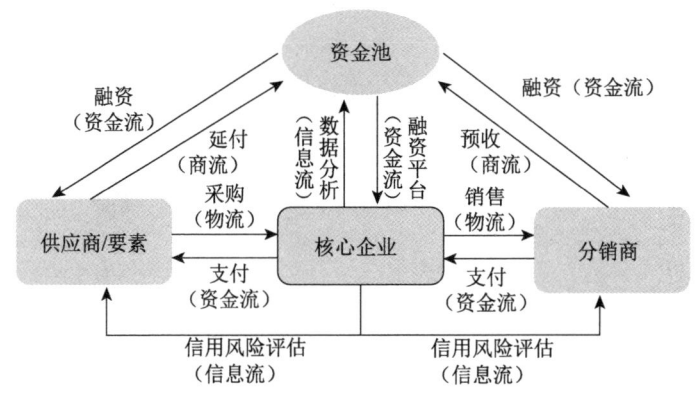

图4-8 旅游行业供应链金融"四流合一"打造生态闭环

2.要素核心供应链金融模式:腾邦融易行,服务中小代理商

要素行业中我们以机票代理为例重点阐述其在供应链金融模式中的应用。机票行业是供应链金融非常活跃的行业,本身产品是高速互换,资金的占比非常高。机票交易要经过很多层次,从资金到第一手的零售商、批发商,有时还要经过平台,最后进入航空公司,当中每一个环节都需要经过一次流动,但是这个票款的流动速度和信息流动速度是不匹配的,很多时候信息流动速度是远高于资金流动的速度,这也就使得很多中小代理商担负较大的资金压力,同时其获得银行贷款授信难度较大。

例如腾邦国际在 2012 年年底推出的融易行小额贷款公司,通过自有资金和三方融资授信模式给中小代理商提供贷款融资,吸引了更多下游中小代理商加入其 B2B 分销系统,目前其主要包括商旅循环贷、订单贷、连锁贷、接力贷、酒店流水贷等产品;另外腾邦国际在 2014 年 10 月收购了欣欣旅游 65% 股权,打造新型旅游生态圈,利用欣欣平台上的用户交易记录、同行评价体系,经过数据加工整合,借此强化贷款风险管理(见图 4-9)。

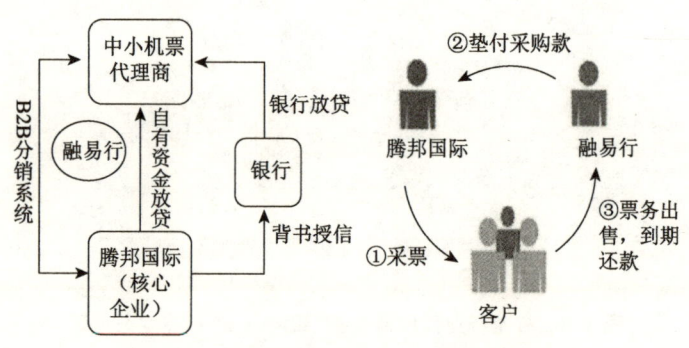

图 4-9 腾邦国际"融易行"小额贷款模式

3.在线分销商核心供应链金融模式:途牛携手银行推出"牛业贷"

2014 年 10 月,途牛与招商银行、南京银行合作推出面向合作供应商的供应链融资服务"牛业贷",首期提供"订单融资"和"信用融资"两款产品,帮助中小型在线分销商解决融资难问题,缓解其资金压力。这两种融资方式共同之处在于银行可以通过途牛的在线平台获取供应商历史大数据,建立专属风控模型,降低融资借贷门槛,开启了在线旅游与金融机构的全新合作模式;二者的区别在于"订单融资"提供小额贷款而"信用融资"可以提供较大额的融资;另外从贷款方式来看,"订单融资"需要银行审核而"信用融资"无须抵押和第三方担保,通过途牛信用推荐即可获取授信(见图4-10)。

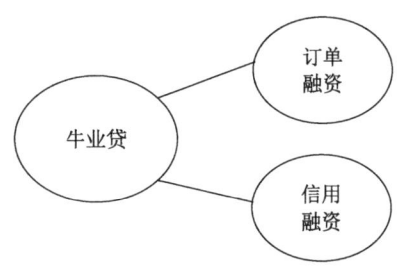

图4-10 途牛"牛业贷"供应链融资服务模式

(二)横向:长尾业务助力旅游金融生态闭环

横向延伸是指核心企业以流量为基础,拓展长尾端的延伸业务,进而与互联网金融的每一项进行融合。旅游企业的优势在于流量平台而非金融产品,所以横向延伸的主要方式是:核心企业以其庞大稳定的客户群体流量为基础,丰富业务,进行横向延伸。

核心企业以业务环节为基础,拓展长尾端的延伸业务进行横向延伸,与互联网金融的每一项进行融合。在客户流量的支撑下,发展旅游理财产品、旅游众筹;在资金的支撑下,发展第三方支付平台、P2P平台;在大数据的支撑下,发展征信业务及旅游保险。因此,企业可以针对长尾端客户制定个性化的渠道和金融产品,从旅游产业细分客户群获得金融理财或投资的新增资产,进而形成一个完整的旅游金融产品线(见图4-11及表4-3)。

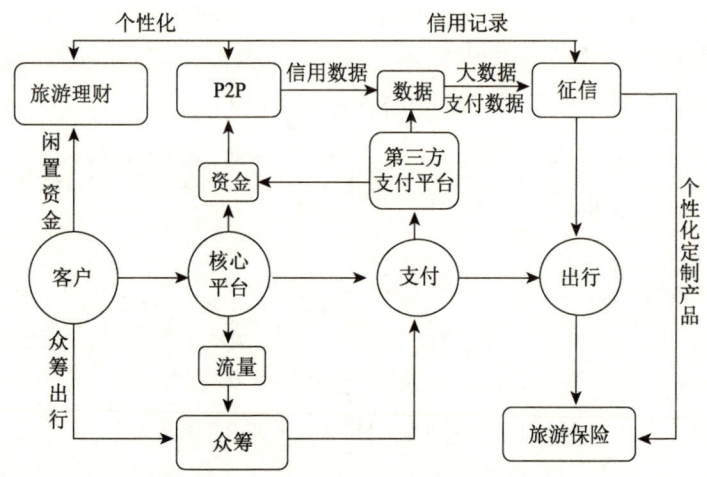

图 4-11 以业务环节为依托的旅游互联网金融

表 4-3 互联网金融之于旅游业的应用

旅游互联网金融	实现功能	举例
旅游理财产品销售	旅游同时可理财,增加用户黏性	阿里旅游宝
旅游 P2P 借贷	资金融通,挖掘新需求	腾邦创投 P2P
旅游众筹	众筹旅游,挖掘新用户	携程"讨盘缠"阿里三亚"爱情谷"
第三方支付平台	旅游专用支付平台,取得长尾用户	腾邦国际腾付通
旅游征信	信用档案,降低信息不对称	腾邦国际征信业务
旅游保险	低成本,拓宽用户渠道	去哪儿旅游保险

1. 旅游消费第三方支付平台:挖掘入口优势

大型旅游企业具有较强入口优势,与当前占市场主要地位的支付软件相比,目标客户更为集中,可以实现更高的流量转化率。旅游业企业在拥有大量的客户流量后,便可建立自己的第三方支付平台作为整个供应链的交易系统,为在线旅游服务的各个交易环节提供便捷性,降低交易成本。

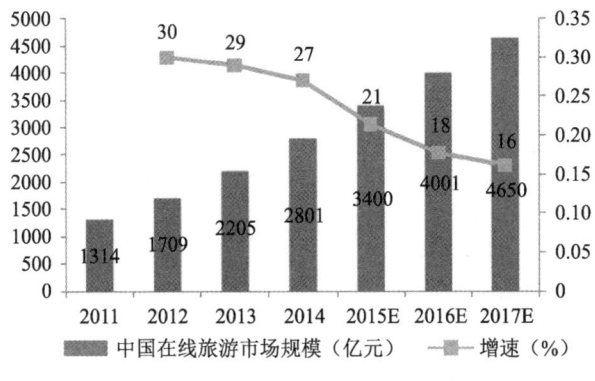

图4-12 中国在线旅游交易规模保持较快增速

腾邦国际通过建立自己的第三方支付平台——腾付通,供应链资金均在自己构造的资金闭环内管理,账户资金可实时通过腾付通支付,其流动资金池可同时通过其综合理财产品——腾益金获得短期投资收益。目前,腾邦国际已经拥有互联网支付、移动支付和销售终端(POS)收单3块金融牌照。腾付通M-POS即将上线,有望进一步争夺线下支付市场。

2.P2P融资平台:充分利用供应链信息

背靠旅游企业的P2P融资平台,可以充分挖掘旅游供应链的信息,以更低的成本进行信贷定价。传统P2P借贷模式中,平台面向的投资者与筹资者个人占比较高,由于缺乏相应的个人信用管理体系,有较高的信贷成本。旅游业开展P2P时,可以供应链信息为依托,解决上下游小微企业的融资问题。因此主营业务较为相关的前提下,业务风险可控(见图4-13)。

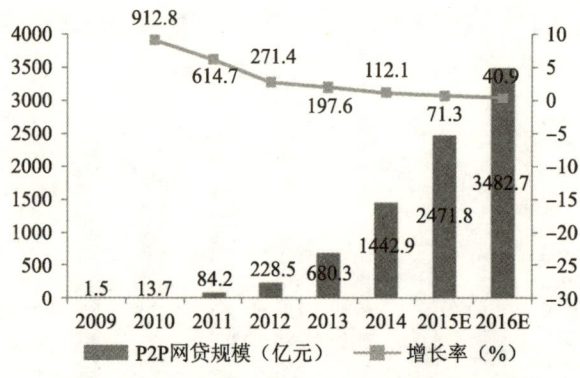

图 4-13 2009—2016 年中国 P2P 贷款交易规模

腾邦国际 2012 年底推出其小额贷款公司——融易行。融易行业务主要针对腾邦国际的 B2B 客户,提供垫资和资金解决方案。腾邦国际融易行业务截至 2013 年第三季度,净利润已近 300 万元。由于小额贷款总额存在一定限制,融易行超过限额的融资需求溢出部分由腾邦国际的另外一个分支——腾邦创投 P2P 进行消化。腾邦创投 P2P 截至 2014 年年底已达到 4 个亿的筹资规模。

3.网络旅游保险:待开发蓝海

当前,旅游公司主要是旅游保险的销售平台,且产品以境外险为主。平台提供流量,与保险公司合作销售,或作为保险公司的代理机构向用户销售保险。例如,穷游网与安联保险和美亚保险合作,途牛网与平安保险合作,去哪儿网与太平洋保险合作(见图 4-14)。

旅游保险仍为待开发蓝海。一方面,旅游公司可与保险公司进一步深化合作,将保险产品碎片化,打入旅游行为的各个环节,添加到移动端的操作界面,可以更加便捷的支付方式进行购买；另一方面，对于资本雄厚的旅游企业来说，也可以申请保险牌照，自行开发旅游保险，以充分利用其旅游消费数据，设计依托旅游和大数据的个性化保险，目前，龙头企业均已开始有所行动：腾邦国际参与发起相互保险，众信旅游参与发起人寿保险。

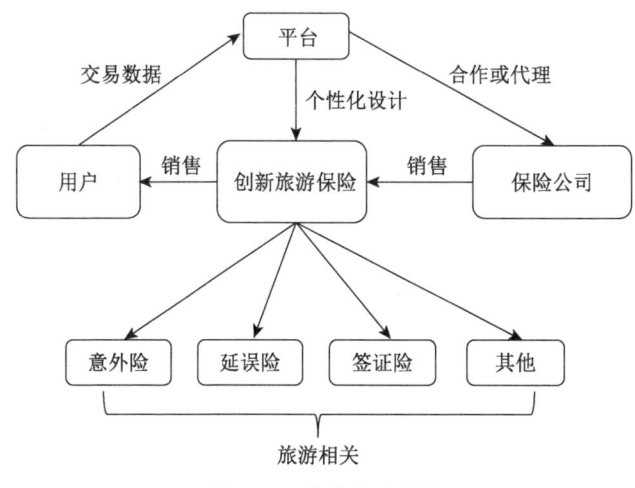

图 4-14　旅游保险结构

4.旅游众筹：博取眼球引发话题是关键

旅游众筹在本质上与其他众筹类似，需要项目足够吸引眼球引发话题，才有希望筹得资金；由旅游企业主导的旅游众筹的特殊之处在于，旅游企业能为众筹提供有效平台，众筹项目又能够吸引更多流量以反哺平台。目前，旅游众筹并未充分发展，一些个人及旅游公司正在尝试探索（见表4-4）。

表 4-4 旅游众筹平台举例

旅游众筹平台	简　介
TervolTa	全球性的资助式旅游平台,让用户提交自己的探险旅游计划,然后筹集资金进而实现自己的梦想,筹集成功的人需要分享自己在旅途中的照片、笔记和视频等内容,以保持较高的社会关注度。挑战者可以接受赞助者提出的各种挑战或特定的离奇任务,比如在长城上裸奔,白宫门口跳钢管舞
筹盘缠网	隶属物酬网络科技(上海)有限公司旗下关于移动互联网社交和旅行众筹求路费社交平台
携程"讨盘缠"	携程旅行 APP 推出 6.0 版,新增了"讨盘缠"项目,将以微众筹的形式,帮助用户实现各式各样的旅行梦想。"驴友"们只需要将旅游计划公布于众,即能向亲友寻求资助

5.旅游征信:背靠旅游互联网金融生态圈,行业领袖涉足

征信服务需要以互联网金融生态圈为基础,是行业领袖的专享领域。旅游业核心企业在确保大量客户流量的同时,以第三方支付平台获得的交易数据及 P2P 借贷平台获得的信用数据为基础,利用大数据建立旅游征信系统。从而归集、整理、发布、使用和管理旅游活动中的信用状况,进一步明确用户信用水平,建设旅游信用体系。信用体系建立完成后,即可为衍生金融业务提供信用支撑,包括个性化设计旅游理财产品及旅游保险,为 P2P 平台提供信用评级等(见图 4-15)。

腾邦国际正在申请征信牌照,筹备建立征信业务。企业以腾付通及产品销售时获得的高保真、无噪声、高价值的沉积数据,通过征信牌照使得大数据能够合法使用,进而服务于企业的风险控制并为客户定制个性化产品。

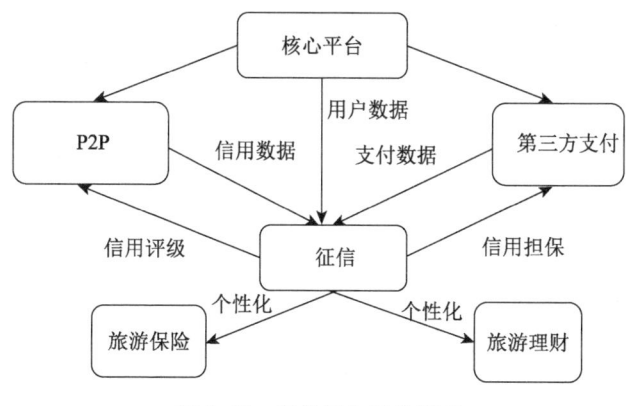

图 4-15　征信平台运作模式

6.旅游金融理财产品构建全新销售渠道:边旅游边赚钱

传统在线理财是客户拿出闲散资金进行理财,但是对于旅游业核心企业来说,企业可利用上下游账期差,让客户以旅游资金进行理财,真正实现边旅游边赚钱。企业可在自身细分客户信用水平及交易记录数据,以及征信的基础上,为客户定制个性化旅游理财产品。为企业拓展长尾用户量的同时,也可获得在线流动资金池并获得相应的投资收益(见图4-16)。

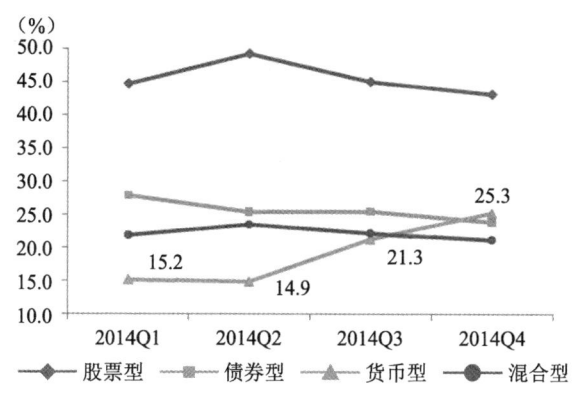

图 4-16　余额理财模式助推货币基金需求猛增

2014年7月28日,余额宝和淘宝旅行联合推出"旅游宝",即消费者用余额宝购买淘宝旅行的产品后,钱可以继续冻结在余额宝账户中,一直到"确认收货"之前,都可以享受余额宝收益。从产业链角度看,旅游宝可以让上游供应商提前拿到用户相对确定的大批量预约信息。

六、基于互联网的企业商旅金融
——以溢美金融为例

企业商旅金融日益成为互联网金融市场中越来越重要的角色,据GBTA的数据显示,2015年中国超过美国成为全球最大的商务旅行市场,而目前在中国这个千亿级市场中,真正被管理起来的企业商旅不足10%,且本土TMC整体服务水平不高,产品单一,受人员、资金限制大,服务模式以传统线下操作居多。预计未来5年内,中国差旅管理预订规模有望保持20%以上的增速。用互联网工具改造传统行业,用商旅管理的理念取代传统代理人思维,通过将传统代理人转型为专业的商旅管理公司,为企业商务旅行带来更好的成本控制、流程规范及客户体验的提升,成为互联网下的企业商旅金融踏上行业快速发展的基础。

(一)商旅行业的发展进程

整个商旅行业分为四个阶段,如表4-5。

1. 第一阶段:培育期

主要依赖机票预订+酒店预订的"佣金模式",代理人或平台通过直接为航空公司、酒店提供面向个人或企业的分销服务,然后抽取分销佣金。当时存在着大量的线下代理商,但是开始出现了线上代理商,携程、艺龙就是诞生于这个阶段的杰出代表。

表 4-5　商旅行业发展的四个阶段

时间	20世纪90年代末至2000年	2004—2006年	2006—2010年	2010年至今
阶段	培育期	成长期	细化期	裂变期
特点	● 主要依赖机票预订+酒店预订的"佣金模式"	● 芒果、同程等进入在线代理商市场,引入多元成熟的线下产品	● 度假需求出现,驴妈妈、途牛等结合旅游景点和旅行线路设计,提供在线预订的细分服务	● QQ、淘宝和京东等大电商加入在线旅游平台市场,提供比价并抽取佣金
	● 在线代理商的诞生:携程、艺龙	● 不同代理商报价差异大,提供比价服务的垂直搜索应运而生,代表:去哪儿	● 用户成熟,需求从预订延展到交流。旅游网站社交化,代表有:分享攻略的**蚂蜂窝**、旅游点评的**到到**	● 航空公司和酒店加大直销力度,自建官网,或通过垂直搜索等营销平台直接面向用户

2.第二阶段:成长期

这时候芒果、同程等进入在线代理市场,他们引入了多元成熟的线下产品。这个阶段的竞争程度有所加剧,各家机构的产品价格也有较大差异。在这个阶段出现的代表性企业是去哪儿网,提供机票、酒店等商旅产品的垂直搜索。

3.第三阶段:细化期

随着用户对度假需求的增加,用户相对比较成熟,就出现了驴妈妈、途牛等结合旅游景点和旅行线路设计,提供在线预订的细分服务。再一个就是从预订延展到交流。旅游网站社交化,用户的需求就越来越多,这样来说也是比较成熟,比较有代表性的有分享攻略的蚂蜂窝、旅游点评的到到。

4.第四阶段:裂变期

裂变期的时间是 2010 年至今,整个电商行业的巨头开始进入这一市场,QQ、淘宝和京东等大电商加入在线旅游平台市场,同样他们提供比价的同时也在中间去赚取佣金。其实最大的改变还是在我们上头的航空公司和酒店,他们开始扩大直销力度,来打压代理商。通过自己自建的官网,直接略过各种中间代理商,或通过垂直搜索等营销平台直接面向用户。这个对整个行业的影响是比较大的。最终对代理来说竞争会比较激烈。

(二)商旅产业的现状

(1)商旅产业链构成链条较为分散,缺少综合金融方案提供者(见图 4-17)。

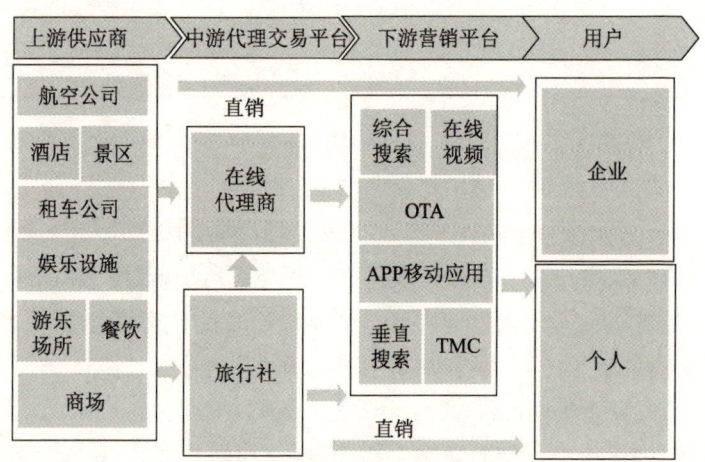

图 4-17　中国在线旅游产业链

上中下游平台模式不断完善更新,层级逐渐弱化,行业市场份额不断被均分,致使目标用户不断分散。

对于商家来说,目标用户高度分散化。如图4-18所示,从开始有出行动机,到最后旅游出行经历分享,消费者需要访问多类网站,其中每个又都有细分网站若干。

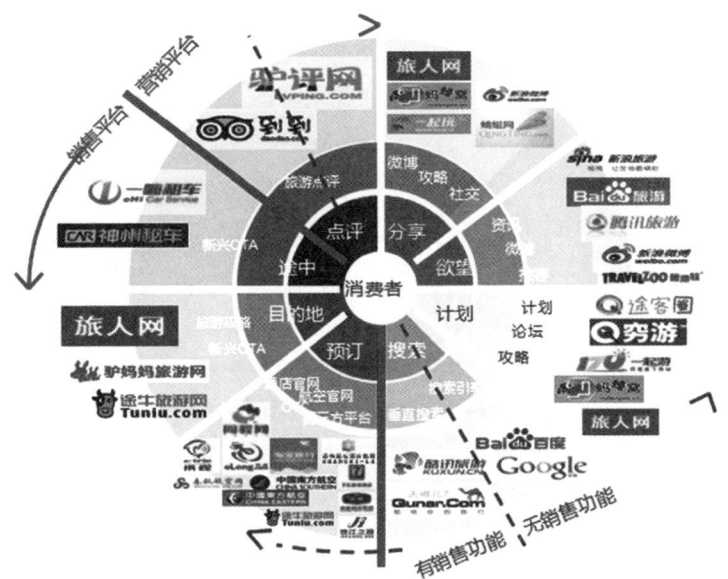

图4-18　中国在线旅游市场平台划分

对用户来说,由于目前的在线旅游网站功能都不够全面,用户为了制定出行日程安排,通常需要费力访问很多网站。

虽然各层级网站均在提升网站服务上做足文章,但还是难以满足用户所有的在线服务需求,单一网站无法完成整套封闭环路服务体系。

如图4-19所示,商旅市场竞争分化明显,竞争激烈,综合创新金融产品较少。

（2）产业链市场层级不断弱化，目标用户不断分散，行业缺乏金融整合。

上中下游平台模式不断完善更新，层级逐渐弱化，行业市场份额不断被均分，致使目标用户不断分散，如图4-19所示。

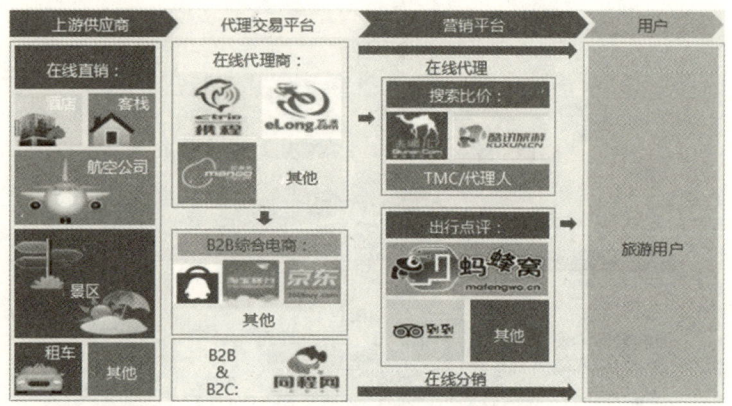

图4-19　中国在线旅游市场产业链

（三）溢美商旅金融直销宝介绍

1.溢美金融公司介绍

溢美金融创建于2011年10月，是一家以应收账款转让平台为基础，围绕核心企业、供应商、常飞人士形成闭环生态链，为中小企业提供金融服务的互联网金融公司。

溢美以建立商务旅行服务网络的金融服务平台为基础，现已成为国内商务旅行金融解决方案领域的领先者。目前我们为客户提供集中支付账户和商务管理工具，为企业与常飞人士提供高效的融资服务平台，为企业员工提供高品质的商旅出行生活服务平台。伴随公司逐步发展壮大，已在京、沪、粤、深、湘等一线城市成立分支机构。

2.直销宝产品通过溢+产品,针对企业商旅行业提供综合金融方案

直销宝是由针对企业商旅开发的综合性金融解决方案,通过在线支付+在线授信的产品快速接入平台,可以完成线上支付、供应商借款、账户结算、商户清分等一系列支付金融相关业务,帮助平台实现线上业务闭环、完善业务生态(见图4-20)。

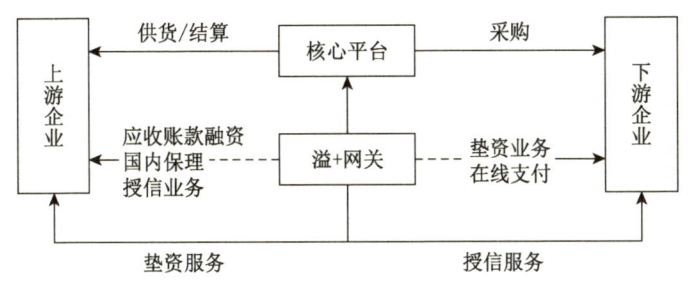

图4-20　直销宝综合性金融解决方案

3.直销宝带来的价值

(1)平台增信

提供在线支付,帮助平台完善线上业务闭环,解决收款、分账、结算等一系列工作。增强平台金融服务能力,如自主开通、交易管理、账单管理等一站式服务。助力平台发展,提升平台业务量。

(2)采购商融资

可在线申请授信,使用授信账户进行支付、交易。在线还款,完全自动化处理。

(3)供应商融资

在线申请授信,使用授信账户进行支付、交易。在线还款,完全自动化处理。

4.直销宝产品种类,可灵活组合

溢美商旅金融的产品以及组合如表4-6所示。

表4-6 溢美商旅金融的产品以及组合

支付	溢美自有支付通道,帮助平台进行在线支付
月结	授信周期一个月,每个月固定日期还款
按日	随借随还,还款日计算总利息,随时可以查看产生的利息
按周	采用5+2的方式,账期5天,免息期2天
按笔	按单笔金额授信,可调控授信比例
固定账期	依据双方协议约定,可按任意天数为周期进行授信
单项目	依据项目风险评级独立授信

5.直销宝接入流程,一周接入(见表4-7)

表4-7 直销宝接入流程情况

提交资料	企业五证、相关资格证书。账户流水、一年审计报告、实地照片
开通账户	企业银行卡号、开户行
系统对接	系统对接说明书、测试环境
正式商用	线上真实交易,数据跟踪

6.直销宝资金清算方式(见图4-21)

依据采购商授信交易 T+1 日放款给平台。账期结束后采购商还款给溢美,利息可由采购商或平台承担。

依据平台采购订单给供应商 T+1 日放款。统一账户管理,平台将结算款打给溢美,利息由供应商承担。

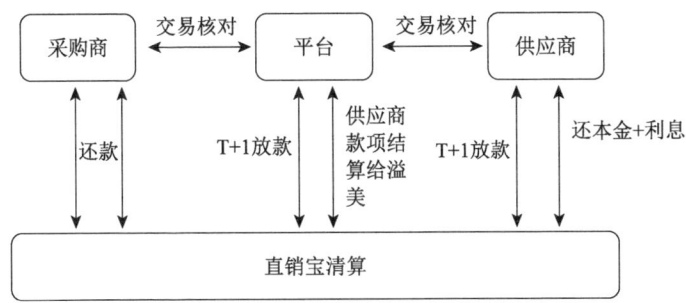

图 4-21　直销宝资金清算方式

7.直销宝价格套餐(见表4-8)

不同套餐为对应企业客户账期需求制定,例如 30+15 即为整自然月内企业客户产生的账单总额可在次月 15 日以内完成还款。

可支持自然月或非自然月周期记账,可支持表单内其他各种账期及免息期的综合计费方式,可在业务开展后根据征信记录及垫付额度调整优惠费率。

表 4-8　直销宝价格套餐

套餐结构	使用期	免息期	套餐费率(%)
30+15	整自然月或 30 天	15 天	××
30+30	整自然月或 30 天	30 天	××
5+2	5 天	2 天	××
按日计息	整自然日	无	××

8.直销宝方案优势(见表4-9)

表4-9　直销宝价格套餐情况

审批、放款快	系统接入简单
●3个工作日完成审批签约 ●审批资料少,准备速度快 ●T+1放款	●一站式接入,一次接入可同时使用在线、授信等多种支付方式 ●支持多种开发语言接入
●在线支付:按笔计算手续费、按交易金额计算手续费 ●授信:固定账期,随借随还	●采用专业的账户管理体系 ●坚持独立第三方,资金透明
支持多种在线支付方式	系统安全

9.直销宝产品特色

(1)支持多种金融产品,产品灵活;

(2)支持在线支付、授信支付等多种支付方式,支付便捷;

(3)支付授信与订单、账户完全匹配,"流程"可视化;

(4)三天接入、一周开通,接入简单。

10.直销宝与UATP对比(见表4-10)

表4-10　直销宝与UATP对比

项目	UATP	直销宝
产品使用范围	只能在航空公司的BSP票使用	机票(BSP、酒店)、会议、奖励旅游、商旅平台
产品使用方式	航空公司发卡,企业受卡,还要硬性分配给每个员工一个复杂卡号,订票时使用	一键交易:集团账户+在线支付方式完成

续表

项目	UATP	直销宝
产品收费方式	收取航空公司 1.75% 的手续费	收取航空公司、酒店、会奖公司、平台公司 0.1%~0.2% 的手续费
产品使用方式	航空公司接入后发卡,线下授信	网管式模式,在线完成

(四)方案应用场景

1.溢美商旅金融方案——TMC 行业 B2G 业务

溢美金融以其强大的金融实力、专业技术平台支撑、细致精致的服务和多领域差旅金融经验为依托,为传统 TMC 提供专项资金助力 TMC 强力发展,解决了传统 TMC 首要的资金垫付问题,使其可以轻资产运作(见图 4-22)。

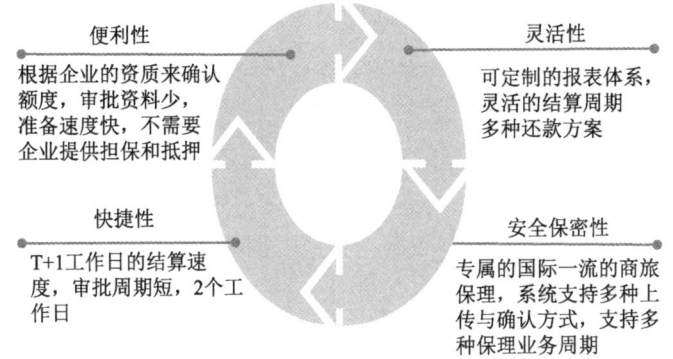

图 4-22 TMC 行业 B2G 业务演示

溢+系统与 TMC 差旅系统实现信息对接,省去 TMC 手工上传订单的后台压力。

企业客户的订单确认可支持系统按时批量自动确认,不增加企业客户的预订操作环节。

溢美向 TMC 实行 T+1 全额垫付,只扣除资金费用不折算垫付额度。

溢美按账期向 TMC 及企业客户提供可定制的对账报表，TMC 向企业客户完成账期内催款（见图 4-23）。

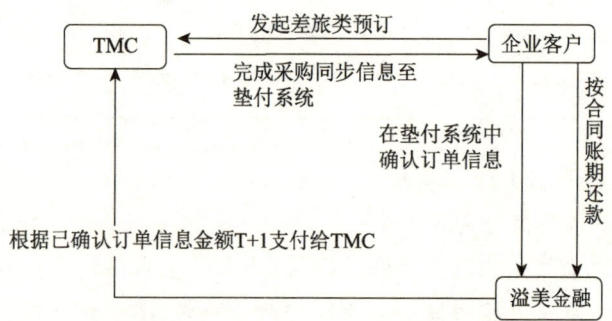

图 4-23　TMC 行业 B2G 业务账期示意图

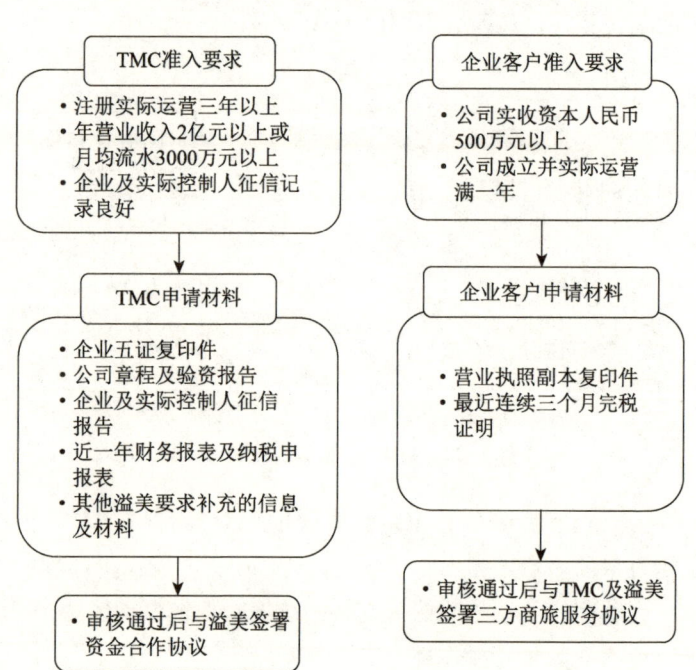

图 4-24　TMC 流程

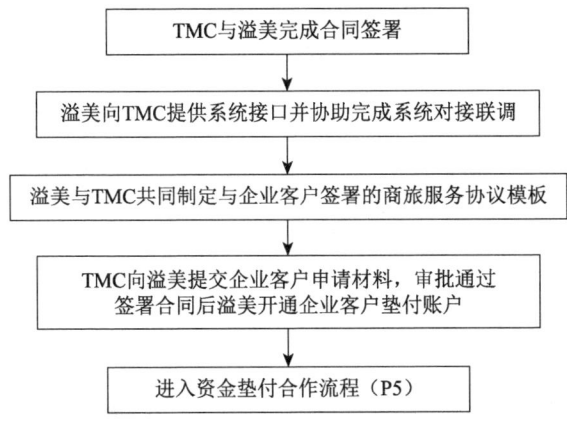

图4-25 TMC与溢美合作示意图

不同套餐为对应企业客户账期需求制定,例如30+15即为整自然月内企业客户产生的账单总额可在次月15日以内完成还款。

套餐费率为整体打包计费,年化成本约为××%。

可支持自然月或非自然月周期记账,可支持表单内其他各种账期及免息期的综合计费方式,可在业务开展后根据征信记录及垫付额度调整优惠费率。

为避免不必要的滞纳金处罚,需根据企业客户实际结算周期选择套餐标准(见表4-11)。

表4-11 结算周期套餐

套餐结构	使用期	免息期	套餐费率(%)
30+15	整自然月或30天	15天	××
30+20	整自然月或30天	20天	××
30+25	整自然月或30天	25天	××
30+30	整自然月或30天	30天	××

2.溢美商旅金融方案——机票代理人

溢美金融以其强大的金融实力、专业技术平台支撑、细致精的服务和多领域差旅金融经验为依托,为机票代理人提供专项资金助力机票电商发展,解决了 F+1 必须的资金垫付问题,使其可以轻资产运作。

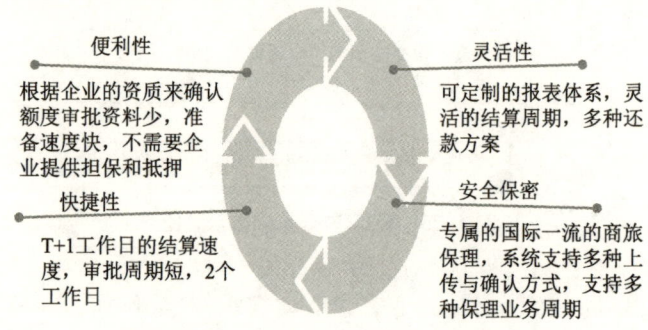

图 4-26　TMC 行业 B2G 业务演示图

溢+系统导入机票订单(见图 4-27)。

溢美向代理人实行 T+1 全额垫付,只扣除资金费用不折算垫付额度。

溢美按账期向代理人提供可定制的对账报表。

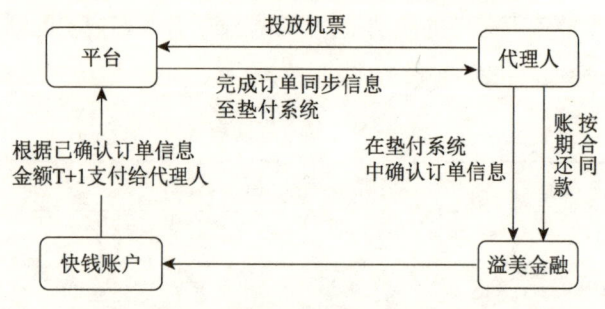

图 4-27　溢+系统导入机票订单示意图

第四章 | 互联网领域的旅游金融创新

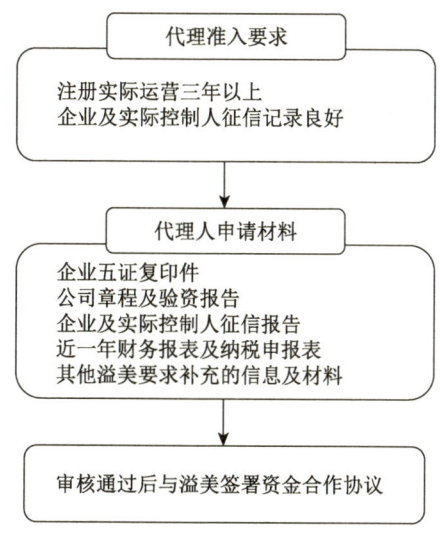

图 4-28 代理人准入示意图

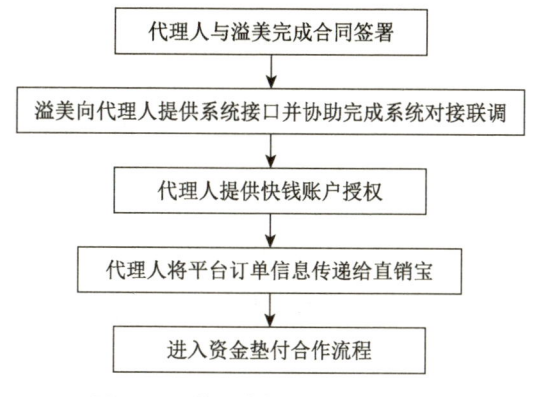

图 4-29 代理人与溢美合作流程图

3.直销宝——航司酒店应用(见图 4-30)

(1)破解垫资难题:为直销客户提供授信资金。

(2)破解客户申请复杂的难题:在线申请,远程审批,及时使用。

(3)为航空公司提供在线支付+授信综合解决方案,有效提升航空公司、酒店在直销与大客户拓展领域的竞争优势。

(4)降低拓展直销客户的资金成本。

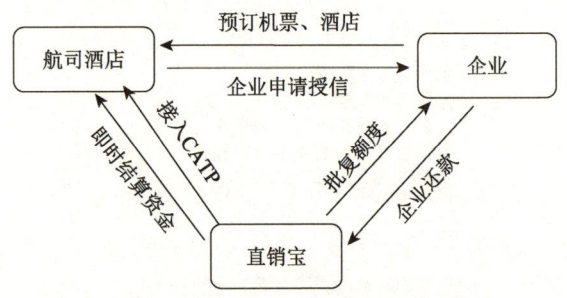

图4-30　直销宝—航司酒店应用示意图

七、案例:腾邦与途牛的旅游金融实践

(一)腾邦国际:大旅游生态圈完善布局,互联网金融全面开花

1.公司介绍

腾邦国际通过遍布全球的服务网络,为客户提供专业商业服务解决方案,业务涵盖机票酒店、会展旅游、差旅管理、金融服务四大板块。15年来腾邦国际苦练内功,赢得国内外投资机构的一致青睐,成为"中国最具投资潜质创新企业"之一,多国政要曾先后到腾邦国际考察。腾邦国际正沿着既定战略加速布局,以世界商业服务巨头为目标,打造名副其实的高端商业服务民族品牌。业务分为商旅服务和金融服务。其中商旅服务包括OTA在线预订、TMC差旅管理、B2B商旅分销;金融

服务包括腾付通——第三方支付品牌、融易行——小额贷款品牌等。

2.优势分析:商旅服务领先,围绕核心优势外延拓展打造生态圈

腾邦国际的核心主业为机票代理,公司围绕机票业务已形成了核心竞争力,并进一步扩大旅游产品品类。而授信业务成为了公司利润稳定器,目前授信业务利润占比达到30%。P2P、保险业务等基本上是围绕这两块业务,进行进一步拓展。

2014年公司实现机票交易额约200亿元,其中收购后的八千翼贡献了60亿元左右的交易额。同时,国际机票销售额占比20%,2014年同比增速达45%。公司在机票领域的规划是未来三年机票交易额翻一倍,市场份额达到14%~15%(见图4-31、图4-32)。

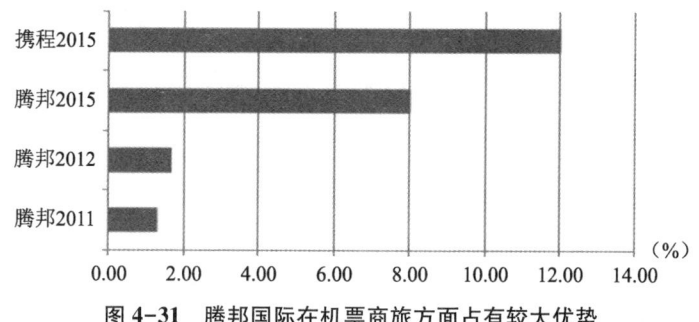

图4-31 腾邦国际在机票商旅方面占有较大优势

2014年,腾邦国际公司完成7单并购;公司已经从华南公司转变为全国公司。其中,合资公司数量从2011年的1家增长到了2014年底15家;分支机构则达到60家。通过全国的并购布局,公司确定了以区域为核心的产品优势,并显著提升了细分市场占有率。

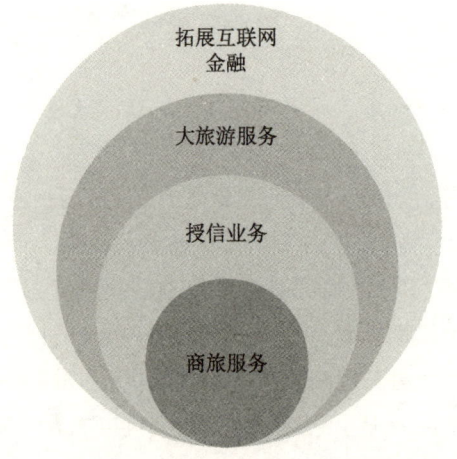

图4-32 以商业服务优势为起点,逐步拓展生态圈

3.收入结构:增速符合预期,金融板块继续高速增长

公司2014年营业收入4.63亿元/+29.90%,实现归属于上市公司股东的净利润1.30亿元/+42.72%,扣非净利润1.29亿元/+45.46%,EPS0.53。

机票商旅服务维持增长,并购实现全国布局。公司全年机票商旅服务收入增速为7.34%,维持增长。2014年下半年,公司相继收购了杭州泛美及重庆新干线,基本实现了商旅服务的全国布局。同时,公司收购了业内知名的机票交易平台成都八千翼,完成了从传统供销模式向平台交易模式的跨越。金融板块高速增长。公司2014年金融板块实现收入1.04亿元,比2013年同期增长382.42%,其中支付业务实现收入1843万元,增长104.79%;小贷业务实现贷款余额9.13亿元,实现收入8293万元,增长565.08%;创投P2P网贷下半年正式上线,至12月31日已撮合交易过亿元,公司金融板块拼图已基本补足。"旅游×互联网×金融"战略演进基础更加坚实。对欣欣旅游的并购,使公司获得了稳固的互联网基因,公司战略升级为"旅游×互联网×金融",而金融板块持续高增长,旅游全国布局完成,使得公司新战略演进基础更加坚实(见图4-33)。

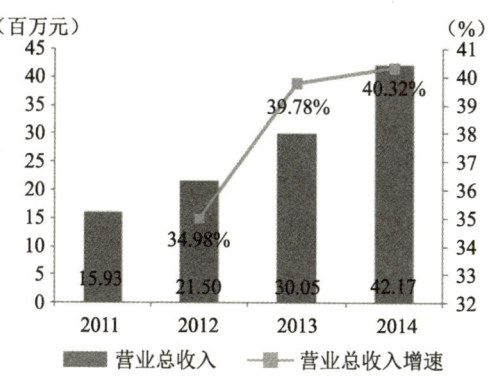

图4-33 2011—2014年净利润增速情况

表4-12 腾邦国际财务分析

单位:百万元

	2012A	2013A	2014	2015E	2016E
营业收入	258	357	464	640	809
(+/-)(%)	43	38	30	33	26
营业利润(EBIT)	71	109	162	195	255
(+/-)(%)	20	54	50	38	31
净利润	66	91	130	179	232
(+/-)(%)	14	39	43	41	30
每股净收益(元)	0.27	0.37	0.24	0.73	0.95
每股股利(元)	0.10	0.10	0.01	0.10	0.10

续表

利润率和估值指标	2012A	2013A	2014	2015A	2016A
经营利润率(%)	27.4	30.4	35.0	30.4	31.6
净资产收益率(%)	6.3	8.0	10.4	12.9	14.6
投入资本回报率(%)	13.0	12.6	12.3	18.6	19.8
EV/EBITDA	29.0	22.7	39.9	30.8	23.1
市盈率	56.2	40.6	62.5	41.2	31.8
股息率	0.7	0.7	0.2	0.3	0.3

(二)途牛旅游网:业务爆发式增长、战略布局金融

1.公司介绍

途牛旅游网创立于2006年10月,以"让旅游更简单"为使命,针对旅游线路这一细分市场,为消费者提供由北上广深等64个城市出发的旅游产品预订服务,提供8万余种旅游产品供消费者选择,涵盖跟团、自助、自驾、邮轮、酒店、签证、景区门票以及公司旅游等,已成功服务累计超过400万人次出游。"特卖""区域"和"移动"是途牛最重要的战略布局。业务分为商旅服务和金融服务,商旅服务深耕出境游和跟团游;金融服务为牛业贷——供应链融资服务,首期提供"订单融资"和"信用融资"两款产品。

2.收入构成:总营收增速回升,跟团游业务涨幅明显

2014年途牛旅游网总营收53.6亿元,同比增长45.3%,其中,跟团游业务营收增长最快,2014Q2途牛跟团游营收7.0亿元,同比增长85.9%,占总营收比重升至96.8%;自助游业务营收1651.9万元,同比增长61.6%,占总营收比重略有下降,为2.3%(见图4-34、图4-35)。

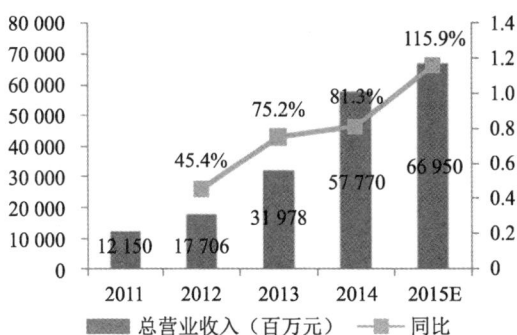

图 4-34　2011—2015 年 Q1 途牛旅游网总营收

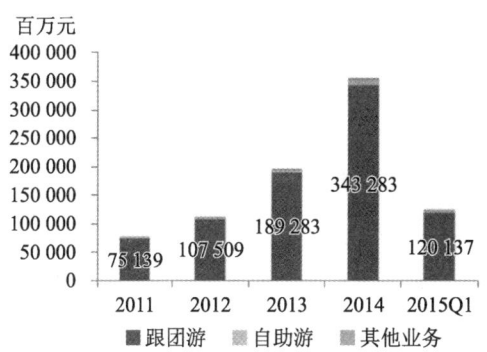

图 4-35　2011—2015 年 Q1 途牛旅游网各业务营收

2014 年,途牛核心产品出境游业务高速增长,欧洲、马尔代夫、日韩等目的地领先优势进一步扩大。数据显示,2013 年赴马旅游的 112.5 万外国游客中,中国游客占 1/3。每 6 个去马尔代夫的中国游客,就有 1 人通过途牛旅游网预订。

3.竞争策略:布局金融+区域化+信息化

(1)加速"大区域"建设,打造特色产品

①成功登陆美国纳斯达克。途牛网于 2014 年 5 月 9 日正

式登陆美国纳斯达克,途牛区域服务中心已从年初的 15 家拓展至 75 家;推出了"老于推荐""特卖平台"等特色服务产品,旅游顾问团队人数超过 600 人;无线端第三季度流量占比超过 50%,订单占比已达 35%。与驴妈妈、京东商城、携程等达成了深度战略合作。

②抢攻二三线市场,加速"大区域"建设。作为在线休闲旅游市场领导者,途牛已经深入到全国一二三线重要城市,为未来抢占市场份额加速编织"大区域"建设奠定了基础。未来,旅游行业的发展必将是线上线下融合的 O2O 模式,区域服务中心的加速建设加大了途牛在行业竞争中的先发优势。

③多方战略合作扩大领先优势。2014 年 12 月,途牛完成了新一轮融资,与弘毅投资、京东商城、携程投资及途牛管理层签订了股价认购协议,出售 1.48 亿美元的新发行股份。此举对途牛未来发展意义重大,新的资金流将有效支撑途牛围绕既定战略长期持续投入,推动途牛专注休闲旅游业务快速发展,巩固途牛在线旅游行业的领导地位。

(2)布局金融,提速产业链运转效率

途牛网联合招商银行、南京银行等在业内首推供应链服务"牛业贷",有效解决了供应商的资金周转问题;不断优化、升级了供应商系统——N-Booking 系统,开通了手机确认功能,便于供应商库存随时随地对接与结算;此外,途牛提升了与供应商结算、付款速度,更多合作伙伴与途牛达成了战略合作协议。截至第三季度末,途牛合作供应商数量已从 IPO 前的 3000 家迅速拓展至 5000 多家。

途牛网"订单融资"服务申请便捷高效,有未结算订单的供应商均可通过途牛网 N-Booking 系统在线申请。目前途牛网已经完成了与合作银行审贷系统的云数据对接,实现了数据实时传输、系统自动计算、额度自动配给等功能。申请审批通过后,供应商即可随时提款,按日计息,随借随还。

途牛网"信用融资"服务通过与银行共享合作供应商的历史交易大数据,定制专属途牛网供应商的风控模型,提高融资效率。当供应商存在资金需求,且订单融资不能满足时,即可提出融资申请。该融资无须资产抵押、第三方担保,经途牛网推荐,合作银行审核后仅凭信用即可获取,最大限度地满足资金需求,也可以实现按日计息,随借随还。

4.财务分析(见表4-13)

(1)公司专注于旅游线路产品细分市场的渗透,出境游、跟团游等主要业务增速明显。

(2)与京东、携程等多方战略合作,打造品牌优势,专注零售端成为细分龙头。

(3)通过"牛业贷"充分利用上下流资金,沉淀资金池,拓展旅游生态圈。

表4-13 途牛财务分析

指标分类	指标名称	2011A	2012A	2013A	2014A
总体情况	收入(百万美元)	123.9	262.4	501.7	850.9
	净利润(百万美元)	-4.4	-46.0	-91.1	-187.3
	EPS(美元)	-0.12	-1.53	-0.96	-1.84
	PE	—	—	—	—
成长性	收入增速(%)	45.37	75.19	81.31	45.37
	净利润增速(%)	—	—	—	—

续表

指标分类	指标名称	2011A	2012A	2013A	2014A
盈利能力	ROE(%)	—	—	—	—
	毛利率(%)	3.11	3.52	6.16	6.40
	营业利润率(%)	-13.11	-10.19	-4.98	-13.38
ROE分解	总资产周转率	—	2.39	2.47	1.90
	净利润率(%)	-12.01	-9.63	-4.08	-12.67
	财务杠杆率	—	—	—	3.78

第五章　旅游金融风险管控

一、旅游金融风险管控的定义和内容

旅游金融的本质是金融,金融的本质是风控,如何做到对旅游金融风险的管控,首先要对其有系统而深刻的认知。

(一)概念界定

(1)风险:泛指事物未来发展的不确定性;

(2)风险管理:指在降低风险的收益与成本之间进行权衡并决定采取何种措施的过程。确定减少的成本收益权衡方案和决定采取的行动计划(包括决定不采取任何行动)的过程称为风险管理。

(3)旅游金融风险管控:对发生在旅游业态中进行运营实操的旅游金融产品,进行确定减少的成本收益权衡方案和决定采取的行动计划(包括决定不采取任何行动)的过程称为旅游金融风险管控。

旅游金融风险管控是旅游业与金融业相互融合的必然结果,旅游金融风险管控包括对风险的度量、评估和应变策略。

(二)传统框架下的新内涵

从旅游产业成员的金融需求看,产业中的核心企业在旅游产业内部贸易中往往占有优势地位,因此这些企业习惯于通过向上游赊销、向下游压款等方式,将流动资金压力转嫁到旅游产业中处于相对弱势地位的旅游企业。而这些弱势旅游企业多数是一些中小规模的上下游企业,它们的资产实力和信用水平都较低、融资能力弱、融资成本高。这样,总体上旅游产业的中小企业成员一方面面临流动资金需求的增加,另一方面面临较高的融资成本,最终造成旅游产业的上游供应商对核心企业的供货成本提高,以及旅游产业下游的分销商单位产品的销售成本提高,进而导致整个旅游产业的竞争力下降。

与此同时,由于旅游产业贸易中大量采用赊销结算方式,造成了旅游产业贸易中信用中介服务的巨大需求。在这种背景下,核心企业需要银行为它们的旅游产业成员提供综合的融资解决方案,并以降低全链条的财务成本和最终产品成本为导向。因此,旅游产业融资是旅游产业金融服务中最核心的业务。作为旅游产业金融服务中最核心的业务,旅游产业融资也是商业银行承担风险较高的业务,因此,对于商业银行,旅游产业金融服务风险管理的核心内容是旅游产业融资的风险管理。

旅游金融风险管理基本流程同商业银行其他业务的风险管理流程类似,包括风险识别、风险度量、风险评估和风险控制等环节。

1. 风险识别是风险管理的基础

风险识别具体是指对可能带来损失的风险因素加以判断,分析风险的性质并进行系统分类。风险识别不但要找到经营中存在的风险,还要找到造成风险的原因。

(1) 信用风险

由于旅游产业融资的对象包括很多中小企业,因此信用风险是旅游金融融资中最首要的风险来源。

(2) 操作风险

同时,在旅游融资的风险管理中,由于需要大量的审核、环节控制和监管工作,多种融资解决方案中大量使用了信用支持技术,于是衍生出旅游产业融资的另一个重要风险来源:操作风险。

(3)汇率风险

此外,旅游产业融资中不同融资方案还会涉及其他的风险,比如货押融资可能由于商品价格波动形成市场风险,外汇类融资产品必须考虑汇率风险的影响,等等。因此在进行全面风险管理时需要分析每种融资产品的风险来源,作为下一步风险管理工作的基础。

2.风险度量与风险评估

风险度量就是对风险进行定量分析和描述,对风险事件发生的概率和可能造成的损失进行量化。风险评估是在风险度量的基础上,分析银行对于风险的承受能力,判断是否要采取合适的风险控制措施。在我国目前商业银行风险管理中,风险度量和风险评估还处于起步阶段,在旅游产业融资中,这两方面的欠缺更为明显。一方面,旅游产业融资是一个比较新的金融服务领域,缺乏数据积累,难以对不同风险进行定量分析;另一方面,我国正处于经济转型期,市场化体制和商业环境在不断发展,企业也在随着环境变化而不断发展,目前难以建立稳定的模型来描述企业状况。但是定量分析是风险管理发展的趋势,《巴塞尔协议Ⅱ》也强调和鼓励银行尽可能利用定量模型进行风险管理。从长远看,建立定量模型是非常必要的。因此,商业银行在从事旅游产业融资中应当注重数据积累,并持续推动定量分析水平提高。近年来,定量模型中的组合信用风险模型和VaR(风险价值)模型在国外商业银行风险管理中应用已比较广泛。旅游产业融资的定量分析模型可以从这些比较成熟的技术开始,逐步推进。

3.风险控制

风险控制就是根据风险评估的结果,采取相应的措施,把风险可能造成的损失控制在可接受的范围内。银行对于风险可采取的措施包括:风险回避、风险防范、风险抑制、风险分散、风险转移、风险补偿、风险保险和风险自留等。

在旅游产业融资中,风险防范和风险抑制主要通过操作控制来完成,因此操作风险管理是旅游产业融资的一个重要内容。在国际性银行的旅游产业融资业务中,风险转移和风险保险也是银行重要的风险管理手段。但我国目前信用风险市场发展相对落后,这两种风险管理方法应用还不广泛。旅游产业融资一项重要的风险管理创新是信用风险屏蔽技术,即利用游客流、资金流的控制获得授信的自偿性,并达到授信对主体信用等级的隔离。同时,旅游产业融资中的另一个重要特色就是对核心企业的信用捆绑技术,以及通过合作方式引入其他风险承担者。这些内容是本章讨论的重点。

风险识别是确定何种风险可能会对旅游金融产品实施的企业产生影响,最重要的是量化不确定性的程度和每个风险可能造成损失的程度。

二、旅游金融信用风险管理

银行的信用风险是指银行因借款人或交易对手违约而导致损失的可能性。信用风险是旅游产业融资面对的首要风险,从某种角度看,旅游产业融资本身就是一种特殊的信用风险管理技术。

(一)从传统授信角度看旅游产业融资客户特点

传统上,银行授信按担保方式区分为三类:保证担保授信、抵质押授信和信用授信。保证担保授信需要第三方提供担保，而信用授信则对企业的资产水平、经营规模和盈利能力都有比较高的要求，旅游产业中的中小企业成员一般难以获得上述两种方式的授信。同时，中小企业成员的固定资产存量通常较少，面对核心企业的账期或销售指标压力，依靠固定资产抵押融资往往难以获得充足的流动资金支持。

从传统授信方式的风险管理角度看，旅游中小企业特点如下：

1. 信息披露不充分，造成贷款的信用风险度量和信用风险评价的困难

首先，很多旅游中小企业处于成长阶段，内部管理尚不规范，尤其是财务制度不健全，无法像大企业那样提供全面、完整的企业财务信息；其次，由于普遍存在的税务不规范等问题，很多旅游中小企业主对经营信息的详细披露比大企业更为谨慎；最后，采用外部审计的成本过于高昂，而且旅游中小企业的贷款规模一般不大，因此外部审计对于单位贷款的信息披露成本更高。

2. 授信的成本收益配比不经济

旅游中小企业的审查和监控成本过高。旅游中小企业贷款有"急、频、少"的特点，根据测算，旅游中小企业的贷款频率是大型企业的5倍左右，户均贷款数量是大型企业的5%左右。加上对旅游中小企业高昂的信息采集成本，银行对旅游中小企业贷款管理的单位成本也远高于大企业。而这些成本如果通过提高利率等方式转移到旅游中小企业，则融资成本有可能超出旅游中小企业的承受能力，并带来进一步的道德风险和逆向选择问题。

3. 旅游中小企业的非系统风险高于大型企业

非系统风险是指由于企业内部决策行为或企业的特性造

成的风险。旅游中小企业不完善的治理结构带来企业决策明显的随意性,而对少数客户的依赖也导致业务波动性大。此外,由于融资能力低、产品单一、技术含量低,企业的抗风险能力也低。据估计,旅游中小企业两年内的存活率是70%,5年内的存活率只有40%。

4.一般认为,旅游中小企业的违约风险高于大企业

很多情况下,旅游中小企业的贷款额和资产价值的比率相对较高,企业也往往缺少社会品牌的价值。同时,关掉原公司注册新公司,不仅可以获得新企业的税收优惠,还可以掩盖老企业税务等方面的问题。因此在旅游中小企业经营不善的情况下,违约收益往往高于违约成本,这为违约风险提供了财务合理性。

总结以上特点,传统信贷评审技术将得出以下结论:旅游中小企业授信的风险和成本均高于大企业,而且传统担保方式对旅游中小企业并不适用。同时,虽然旅游中小企业授信的平均资费水平高于大型企业,但如果考虑操作和风险成本的调整因素,则授信的实际收益是否存在优势并不明确。

(二)从旅游产业融资角度看旅游产业融资客户的特点

传统流动资金授信看重的是受信企业的主体信用水平、财务实力和健康程度以及担保方式,这将旅游中小企业(包括旅游产业中的旅游中小企业)排斥在信贷市场之外。而旅游产业融资从另一个角度考量企业的融资需求和信用支持:旅游产业旅游中小企业成员的融资需求主要是由于核心企业转移流动资金压力造成的,因此旅游产业融资的需求主要是流动资金需求,而如后文将提到的,旅游中小企业的流动资产在资产负债表中占了很大比重。利用流动资产提供的信用支持为旅游产业旅游中小企业成员解决融资需求,是旅游产业融资的基本

出发点。

从单个企业孤立的角度看,流动资产在形态和规模上随着企业经营活动而不断变化,造成银行难以有效监控。因此传统融资方式中较少利用流动资产作为信用支持。但是从旅游产业企业集群的角度看,交易过程是信息流、游客接待量和资金流的集成,而且这种集成相对封闭,这为银行监控提供了条件。企业流动资金的占用主要存在于三个科目:预付账款、存货及应收账款,利用这三部分资产作为企业贷款的信用支持,可以形成预付融资、存货融资与应收融资三种基础的旅游产业融资解决方案。针对企业生产和交易过程的特点与需求,三种融资方式可以组合为更复杂的整体解决方案。

旅游产业融资信用风险管理的观察视角提供了一系列有价值的方法论线索。

(1)旅游产业中的交易信息可以弥补旅游中小企业信息不充分、信息采集成本高的问题。

旅游产业融资以企业间的真实交易背景为基础,通过来自核心企业的综合信息和旅游产业成员的交互信息,比如商业信用记录、交易规模、交易条件以及结算方式等,银行即可对旅游产业成员企业的经营状况、资信、盈利能力等作出基本的判断。

(2)旅游产业成员企业围绕核心企业形成了虚拟的企业联合体,非核心企业的经营状况在很大程度上受核心企业经营状况影响,因此它们的风险水平和一般意义上的旅游中小企业有所不同。

从某种意义上说,对成员经营风险的评价应当参考核心企业的经营风险。另外,核心企业对旅游产业成员企业往往建立了筛选机制,旅游产业成员也是经营、财务和信用层面评估之下的优胜者。因此,旅游产业旅游中小企业成员的平均信用风险相对低于旅游中小企业整体的信用风险。

(3) 旅游产业融资中每笔交易都有对应的游客接待量与资金流,可以利用它们作为资产支持手段,比如货物的质押、应收账款受让等。

旅游产业客户关系比较固定,游客接待量和资金流的起点和终点相对稳定,便于银行采取监控手段。资金流和游客接待量的控制使得风险监控直接渗透到企业的经营环节,有利于实施风险的动态把握,同时在一定程度上实现授信对主体风险的隔离。

(4) 核心企业对于旅游产业成员有严格的管理,进入旅游产业后,双方会保持相对稳定的合作关系。

而对旅游中小企业来说,进入大企业的旅游产业系统是需要成本的,资格本身就是一个有价值的无形资产。因此,企业会维护这种关系,避免因为贷款违约等事情影响企业在旅游产业中的地位。这种声誉机制减少了旅游中小企业受信中的道德风险。

(三) 信用风险管理的流程

1. 信用风险识别

信用风险的识别就是要找出造成企业偿还贷款本息违约的因素。影响旅游产业融资的信用风险包括系统风险和非系统风险。

系统风险是指由于宏观经济周期或行业发展要素发生变化造成行业内大部分企业亏损的情况。在旅游产业融资的风险管理中,系统风险是必须重视的因素。系统风险考察可以从宏观经济运行情况和行业的发展状况两个层面来分析。对于旅游产业金融而言,特别需要指出的是,系统风险更直接地来源于旅游产业本身以及核心企业,因此对于核心企业主导的旅游产业在行业经济中的竞争地位变化要作出实时的跟踪和评估。

非系统风险是指企业自身的经营策略等方面造成的经营风险。旅游产业中的企业由于与核心企业存在稳定的合作关系,因此非系统风险有所降低。但是,受信企业自身的一些经营或非经营决策仍然会形成非系统风险。对旅游产业中的旅游中小企业而言,一些特别的非系统风险比如投机性经营(如过度囤货)失败、卷入债务纠纷或涉嫌偷逃税等,将直接影响到还款意愿与能力。银行对非系统性风险的及时预警,有赖于贷后检查制度执行力的保障,以及对核心企业、游客接待量监管公司等辅助性风险控制变量的引入。

企业在正常盈利的旅游产业贸易完成后,是否按约偿还贷款也还存在不确定性,旅游产业融资对授信自偿性技术的引入大大降低了这种不确定性。

旅游产业融资中的授信支持性资产是非常重要的还款来源。旅游产业融资有三种基本授信支持性资产:预付、存货与应收。三种资产的还款保障能力,首先取决于出现违约时银行对这些资产的控制效力;其次,预付与应收的资产支持能力不仅受到资产控制效力的影响,同时也受到上下游企业的信用状况的影响。因此在旅游产业融资中,对于上下游企业的信用风险也需要根据实际的贸易背景进行评估。

除了经营现金流和授信支持资产外,企业的其他资产也可以作为还款的一个来源。因此,旅游产业融资强调除贸易的自偿性和资产支持外,主体的资质以及企业主的财产特征在某些情况下也需要进行考察。总体而言,业务模式的风险控制强度与企业主体资质之间存在替换关系。换句话说,在游客接待量、资金流控制下的授信自偿性保障充分的情况下,企业主体资质的要求可以适当放松;反之,则应该进一步看重企业主体,包括除授信支持性资产以外的资产。

除了从还款来源分析贷款的信用风险外,道德风险也是信用风险中一个重要的来源。在旅游产业融资中,道德风险可能有很多种表现,比如,企业以次充好,隐瞒抵质押物的品质问题;再比如,应收账款没有按约定路径回流到授信银行,而受信企业也故意不向银行披露;又比如,企业将资金挪用到贸易以外的投资领域,等等。

道德风险防不胜防,需要强调一点:信贷业务的行规仍然适用,即旅游产业融资中如果出现道德风险,必须立刻启动预警程序,并制订客户退出计划。

2.信用风险度量与计量

(1)信用风险度量(偏定性)

信用风险度量是非常困难的,因为信用风险具有以下一些特征。

①信用风险的概率分布是负偏峰的。

贷款在安全回收的情况下,贷款人将获得正常的利息收入,而在违约时,则损失的不只是利息收入,还有本金,因此损失要远高于收益。但违约一般是小概率事件,综合这两方面的影响,使得信用风险的概率分布是左偏的,即在左侧出现厚尾特征,这给信用风险的分析造成了计量上的困难。

②道德风险是造成信用风险的重要因素,而道德风险取决于借款人的心智模式,难以定量描述。

③非系统的信用风险很多情况下是由债务人的个人行为或个性造成的,如贷款的投资方向、经营管理能力、借款人的风险偏好等,非系统风险的量化也是比较困难的。

④组合信用风险难以测定。

对于旅游中小企业,信用风险的定量分析更为困难。由于信用风险的上述特征,目前信用风险度量中对主观判断的依赖比较强。

在信用风险度量中,首先要对企业的经营状况进行评估。为减少主观判断的误差,在对信用风险进行度量时可以采用结构化的方法控制评估的质量。结构化有两方面的含义,一是指结构化的分析过程,二是指结构化的指标体系。一般企业主体授信信用分析的流程如图5-1所示。在旅游产业融资分析中,考虑到旅游产业的特点,可以对图5-1的流程稍加修改,如图5-2所示。图5-2的借款企业业务及战略评价分析中,增加了对于旅游产业交易状态的评估,并成为首要的分析内容。

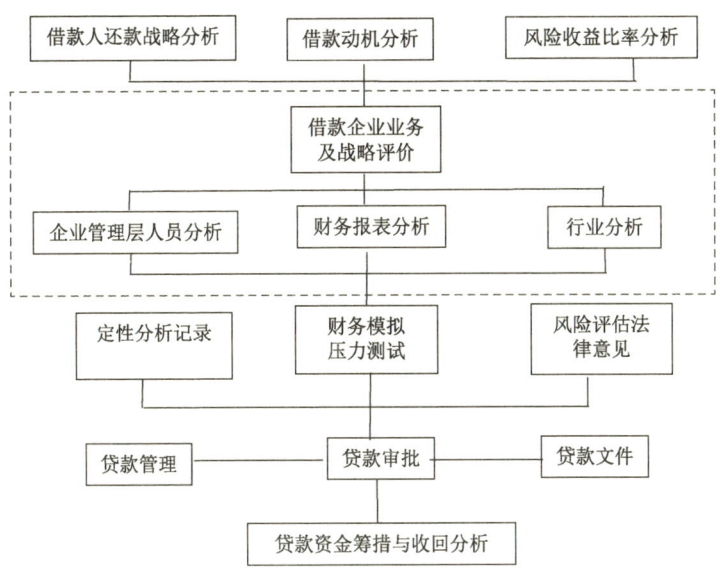

图5-1 主体信用分析过程

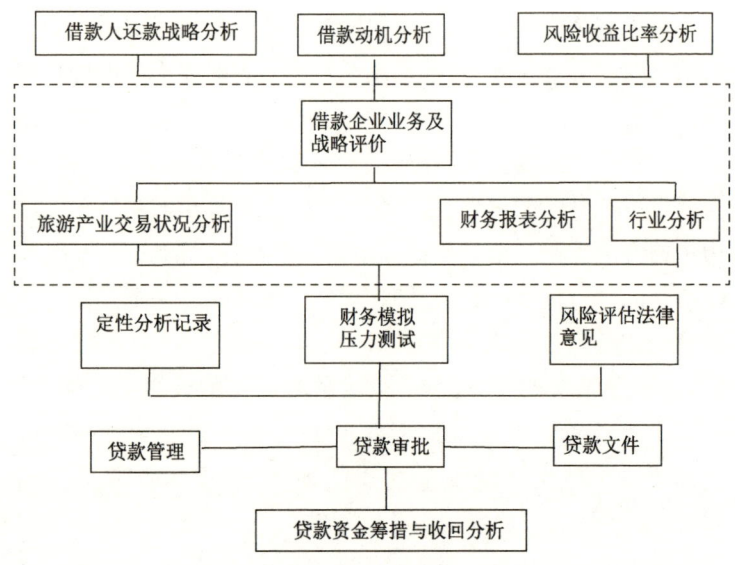

图 5-2　旅游产业融资信用分析过程

旅游产业交易状况评估主要是用来评估企业经营的稳定性、企业的成长性并最终对企业的现金流状况作出评价。在旅游产业交易状况评估中，主要关注以下几点：

①梳理交易关系和旅游产业流程，了解借款人在旅游产业中的位置和作用、经营状况、谈判地位和资金实力，来判断旅游产业稳固性，判断经营计划完成的可能性。

②了解资金流及游客接待量的流向，评估资金流与游客接待量循环是否完整。

③评估整个旅游产业的行业状况、市场份额和市场容量，判断企业所处旅游产业在产业中的盈利能力水平。

④通过交易双方的约定结算方式、行业内通行的结算方式、交易对手的资信状况、平均销售周期等信息，判断商业信用风险的大小。

⑤分析借款企业对于旅游产业交易的依赖程度、借款人与核心企业的交易占核心企业需求或销售的比率、借款人与核心企业的交易往来时间和交易稳定性等。

结构化的指标体系是指采用一些客观的指标体系，帮助风险评估人员对企业信用风险进行评估。在这个指标体系中，应当明确采集哪些信息、根据这些信息进行评价或评分的标准以及各项指标在综合评价中的权重。

对旅游产业融资进行信用分析度量时应当注意贷款主体评价和债项评价的结合。主体信用评级是在企业现有经营状况的基础上，分析企业未来的整体偿债能力和可能的违约情况，是一种不针对特定债务的评级方法。而债项信用评级受到债项偿还次序、贷款条款、贷款资金投向、外部抵押或者担保等因素的影响，很大程度上度量了企业违约前提下授信收回的概率。两者在评级对象和评级要素上具有明显的差异。

在旅游产业融资中，由于多数旅游中小企业主体信用评级无法达到融资门槛，银行多采用资产支持的方式将授信风险与企业主体的信用隔离。因此，旅游产业融资的信用评估更多地借重债项评级，评估企业为某笔交易进行融资的资金偿还可能性。

目前国内许多监管规定要求银行贷款中主要考虑企业的主体信用评级，但《巴塞尔协议Ⅱ》鼓励商业银行在风险管理中注意债项评级。如果在旅游产业融资中采用了资产支持下自偿性的信用隔离，则债项评级更为准确。但债项评级必须结合主体评级，因为如果主体信用水平过低则可能产生严重的道德风险，造成债项信用风险的错估（见表5-1）。

表 5-1　旅游产业融资信用风险评估主要内容

评估类别	主要内容
企业基本状况	业务内容、股权结构、设立时间、关联企业、管理人员评价等
市场地位	主要产品市场容量、市场占有率、技术水平的层次、销售网络、竞争对手状况等
旅游产业状况	主要供货商、主要销售对象、结算方式、技术的替代性、与交易对手的利益关联度等
企业的融资状况	申请授信的总额度、在其他银行的授信、其他方式借款等
企业财务分析	企业经营的重要财务数据、流动资产的详细状况、企业财务趋势的分析等
授信用途及资产支持	授信用途、操作模式、应收账款结构和汇款记录、交易对手状况等

(2)旅游金融信用风险计量(偏定量)

旅游金融信用风险计量是现代旅游金融信用风险管理的基础和关键环节,经历了从专家判断法、信用评分模型到违约概率模型三个主要发展阶段。目前在全球范围内,巴塞尔委员会鼓励有条件的商业银行使用基于内部评级的方法(Internal Rating Based Approach,IRBApproach)来计量违约概率(Probability of Default,PD)、违约损失率(Loss Given Default,LGD)、违约风险暴露(Exposure at Default,EAD)并据此计算旅游金融信用风险监管资本,有力地推动了商业银行旅游金融信用风险内部评级体系和计量技术的发展。

商业银行的内部评级应具有彼此独立、特点鲜明的两个维度:第一维度(客户评级)必须针对客户的违约风险;第二维度

(债项评级)必须反映交易本身特定的风险要素。

①客户信用评级的基本概念

客户信用评级是商业银行对客户偿债能力和偿债意愿的计量和评价,反映客户违约风险的大小。客户评级的评价主体是商业银行,评价目标是客户违约风险,评价结果是信用等级和违约概率(PD)。符合《巴塞尔新资本协议》要求的客户评级必须具有两大功能:

- 能够有效区分违约客户,即不同信用等级的客户违约风险随信用等级的下降而呈加速上升的趋势;
- 能够准确量化客户违约风险,即能够估计各信用等级的违约概率,并将估计的违约概率与实际违约频率的误差控制在一定范围内。

A.违约(Default)

违约的定义是《巴塞尔新资本协议》内部评级法的最重要定义,是估计违约概率(PD),违约损失率(LGD)、违约风险暴露(EAD)等旅游金融信用风险参数的基础。根据《巴塞尔新资本协议》,当下列一项或多项事件发生时,债务人即被视为违约:

a.债务人对银行的实质性信贷债务逾期90天以上。若债务人违反了规定的透支限额或者重新核定的透支限额小于目前的余额,各项透支将被视为逾期。

b.银行认定,除非采取变现抵(质)押品等追索措施,债务人可能无法全额偿还对银行的债务。出现以下任何一种情况,银行应将债务人认定为"可能无法全额偿还对银行的债务":

- 银行对债务人任何一笔贷款停止计息或应计利息纳入表外核算。
- 发生信贷关系后,由于债务人财务状况恶化,银行核销了贷款或已计提一定比例的贷款损失准备。

- 银行将贷款出售并承担一定比例的账面损失。
- 由于债务人财务状况恶化,银行同意进行消极重组,对借款合同条款作出非商业性调整。具体包括但不限于以下情况:一是合同条款变更导致债务规模下降;二是因债务人无力偿还而借新还旧;三是债务人无力偿还而导致的展期。
- 银行将债务人列为破产企业或类似状态。
- 债务人申请破产,或者已经破产,或者处于类似保护状态,由此将不履行或延期履行偿付银行债务。
- 银行认定的其他可能导致债务人不能全额偿还债务的情况。

如果某债务人被认定为违约,银行应对该债务人所有关联债务人的评级进行检查,评估其偿还债务的能力。是否对关联债务人实行交叉违约认定,取决于关联债务人在经济上的相互依赖和一体化程度。

银行内部评级政策应明确对企业集团的评级方法,并确保一致的实施:如果内部评级基于整个企业集团,并依据企业集团评级进行授信,集团内任一债务人违约应被视为集团内所有债务人违约的触发条件。如果内部评级基于单个企业而不是企业集团,集团内任一企业不必然导致其他债务人违约,银行应及时审查该企业的关联债务人的评级,据此决定是否调整其评级。

B.违约概率

违约概率是指借款人在未来一定时期内发生违约的可能性。在《巴塞尔新资本协议》中,违约概率被具体定义为借款人内部评级1年期违约概率与0.03%中的较高者。巴塞尔委员会设定0.03%的下限是为了给风险权重设定下限,也是考虑到商业银行在检验小概率事件时所面临的困难。计算违约概率的1年期限与财务报表周期以及内部评级的最短时间完全一致,使监管当局在推行内部评级法时保持更高的一致性,而基于贷款期限就无法做到这一点。

违约概率是实施内部评级法的商业银行需要准确估计的重要风险要素,无论商业银行是采用内部评级法初级法还是内部评级法高级法,都必须按照监管要求估计违约概率。

违约概率的估计包括两个层面:一是单一借款人的违约概率;二是某一信用等级所有借款人的违约概率。《巴塞尔新资本协议》要求实施内部评级法的商业银行估计其各信用等级借款人所对应的违约概率,可采用内部违约经验、映射外部数据和统计违约模型等与数据基础一致的技术估计平均违约概率,可选择一项主要技术,辅以其他技术作比较,并进行可能的调整,确保估值能准确反映违约概率。此外,针对信息和技术的局限性,银行可运用专家判断对估值结果进行调整。

a.内部违约经验

银行可使用内部违约经验估计违约概率,前提是证明估计的违约概率反映了授信标准以及生成数据的评级体系和当前评级体系的差异。在数据有限或授信标准、评级体系发生变化的情况下,银行应留出保守的、较大的调整余地。如果采用多家银行汇集的数据,需证明风险暴露池中其他银行的内部评级体系和标准能够与本行比较。

b.射外部数据

银行可将内部评级映射到外部信用评级机构或类似机构的评级,将外部评级的违约概率作为内部评级的违约概率。评级映射应建立在内部评级标准与外部机构评级标准可比,并且对同样的债务人内部评级和外部评级可相互比较的基础上。

银行应避免映射方法或基础数据存在偏差和不一致的情况,所使用的外部评级量化风险数据应针对债务人的违约风险,而不反映债项的特征。

c.计违约模型

对任一级别的债务人。银行可以使用违约概率预测模型得到的每个债务人违约概率的简单平均值作为该级别的违约概率。

与违约概率容易混淆的一个概念是违约频率,即通常所称的违约率。假设商业银行当年将 100 个客户的信用等级评为 BB 级,该评级对应的平均违约概率为 1%;第二年观察这组客户,发现有 2 个客户违约,则 $2/100 \times 100\% = 2\%$ 就是违约频率。可见,违约频率是事后检验的结果,而违约概率是分析模型作出的事前预测,两者存在本质的区别。违约频率可用于对旅游金融信用风险计量模型的事后检验,但不能作为内部评级的直接依据。违约概率和违约频率通常情况下是不相等的,两者之间的对比分析是事后检验的一项重要内容。

②客户信用评级的发展

从银行业的发展历程来看,商业银行客户信用评级大致经历了专家判断法、信用评分模型、违约概率模型三个主要发展阶段。

A.专家判断法

专家判断法即专家系统(Expert System),是商业银行在长期经营信贷业务、承担旅游金融信用风险过程中逐步发展并完善起来的传统信用分析方法。专家系统是依赖高级信贷人员和信贷专家自身的专业知识、技能和丰富经验,运用各种专业性分析工具,在分析评价各种关键要素基础上依据主观判断来综合评定旅游金融信用风险的分析系统。一般而言,专家系统在分析旅游金融信用风险时主要考虑两方面因素。

a.与借款人有关的因素

● 声誉(Reputation)。借款人的声誉是在其与商业银行的历史借贷关系中反映出来的,如果该借款人过去总能及时、全额地偿还本金与利息,那么他就具有良好的声誉,也就能较容易或以较低的利率从商业银行获得贷款。

● 杠杆(Leverage)。借款人的杠杆或资本结构,即资产负债比率对借款人违约概率影响较大。杠杆比率较高的借款人相比杠杆比率较低的借款人,其未来面临还本付息的压力要大得多,其违约概率也就会高很多。如果贷款给杠杆比率较高的借款人,商业银行就会相应地提高风险溢价。

● 收益波动性(Volatility of Earnings)。如果未来面临同样的本息还款要求,在期望收益相等的条件下,收益波动性高的企业更容易违约,旅游金融信用风险较大。因此,对于处于成长期的企业或高科技企业而言,由于其收益波动性较大,商业银行贷款往往非常谨慎,即使贷款,其利率也会比较高。

b.与市场有关的因素

● 经济周期(Economic Cycle)。经济周期对于评价借款人的违约风险有着重要的意义。例如,如果经济处于萧条时期,那么消费者就会明显削减对汽车、家电、房产等耐用消费品的需求,但对于食品、水电等生活必需品的需求则不会有明显下降。因此,在经济萧条时期,耐用消费品行业的企业更容易出现违约,对于该类企业的贷款要相对谨慎,且应要求较高的风险溢价。

● 宏观经济政策(Macro-Economy Policy)。政府宏观经济政策对于行业旅游金融信用风险分析具有重要作用,尤其是对市场经济不发达或正处于转型经济中的国家/地区而言,影响尤为突出。如果政府对某些行业（如高耗能行业）采取限制发展的措施，那么这些行业的企业旅游金融信用风险就会比较高。

● 利率水平（Level of Interest Rates）。高利率水平表示中央银行正在实施紧缩的货币政策。从宏观角度看，在该货币政策的影响下，所有企业的违约风险都会有一定程度的提高。此外，在信息不完全对称的情况下，商业银行在向企业要求较高风险溢价的同时也使自身面临的风险增加，原因在于，由于逆向选择效应与激励效应的作用，高利率不仅造成潜在借款人的整体违约风险提高，而且会促使借款人承担更高的风险。

目前所使用的专家系统，虽然有各种各样的架构设计，但其选择的关键要素都基本相似。其中，对企业信用分析的5Cs系统使用最为广泛：

● 品德（Character），是对借款人声誉的衡量。如果借款人是个人，则主要指其工作作风、生活方式和品德；如果借款人是企业，则指其负责人的品德、经营管理水平、资金运用状况、经营稳健性以及偿还愿望等。不论借款人是个人还是企业，信用记录对其品德的判断都有重要意义。

● 资本（Capital），是指借款人的财务杠杆状况及资本金情况。资本金是经济实力的主要标志，也是企业承担旅游金融信用风险的最终资源。财务杠杆高就意味着资本金较少，债务负担和违约概率也较高。

● 还款能力（Capacity）主要从两个方面进行分析：一方面是借款人未来现金流量的变动趋势及波动性；另一方面是借款人的管理水平，银行不仅要对借款人的公司治理机制、日常经营策略、管理的整合度和深度进行分析评价，还要对其各部门主要管理人员进行分析评价。

- 抵押（Collateral）。借款人应提供一定的、合适的抵押品以减少或避免商业银行贷款损失，特别是在中长期贷款中，如果没有担保品作为抵押，商业银行通常不予放款。商业银行对抵押品的要求权级别越高，抵押品的市场价值越大，变现能力越强，则贷款的风险越低。
- 经营环境（Condition）。主要包括商业周期所处阶段、借款人所在行业状况、利率水平等因素。商业周期是决定旅游金融信用风险水平的重要因素，尤其是在周期敏感性的产业；借款人处于行业周期的不同阶段以及行业的竞争激烈程度，对借款人的偿债能力也具有重大影响；利率水平也是影响风险水平的重要环境因素。除 5Cs 系统外，使用较为广泛的专家系统还有针对企业信用分析的 5Ps 系统，包括个人因素（Personal Factor）、资金用途因素（Purpose Factor）、还款来源因素保障因素（Protection Factor）、企业前景因素（Perspective Factor）。专家系统的突出特点在于将信贷专家的经验和判断作为信用分析和决策的主要基础，这种主观性很强的方法/体系带来的一个突出问题是对旅游金融信用风险的评估缺乏一致性。例如，对于同一笔信贷业务主要受到哪些风险因素的影响以及这些风险因素的重要程度有什么差异，不同的信贷人员由于其经验、习惯和偏好的差异，可能出现不同的风险评估结果和授信决策/建议。专家系统这一局限性对于大型商业银行而言尤为突出，使得商业银行统一的信贷政策在实际操作过程中因为专家意见不一致而失去意义。

B.信用评分模型

信用评分模型是一种传统的信用风险量化模型，利用可观察到的借款人特征变量计算出一个数值（得分）来代表债务人的信用风险，并将借款人归类于不同的风险等级。对个人客户而言,可观察到的特征变量主要包括收入、资产、年龄、职业以及居住地等;对法人客户而言,包括现金流量、各种财务比率等。信用评分模型的关键在于特征变量的选择和各自权重的确定。目前,应用最广泛的信用评分模型有线性概率模型(Linear Probability Model)、Logit 模型、Probit 模型和线性辨别模型(Linear Discriminant Model)。信用评分模型是商业银行分析借款人信用风险的主要方法之一,但在使用过程中存在一些问题:

a.信用评分模型是建立在对历史数据(而非当前市场数据)模拟的基础上,回归方程中各特征变量的权重在一定时间内保持不变。

b.信用评分模型对借款人历史数据的要求较高,商业银行需要建立起一个包括大多数企业历史数据的数据库。

C.违约概率模型

违约概率模型分析属于现代信用风险计量方法。与传统的专家判断法和信用评分模型相比,违约概率模型能够直接估计客户的违约概率。同时,需要商业银行建立一致的、明确的违约定义,并且在此基础上积累至少五年的数据。毫无疑问,信用风险量化模型的发展正在对传统的信用风险管理模式产生革命性的影响。针对我国银行业的发展现状,商业银行将违约概率模型和传统的信用评分法、专家系统相结合、取长补短,有助于提高信用风险评估/计量水平。

3.信用风险评价

在对信用风险进行度量、计量后,银行需要评估风险对银行的影响。在这个步骤中银行需要结合违约概率和违约损失率,分析贷款信用风险是否和收益相匹配。如果银行的收益不足以补偿所承担的信用风险,则银行需要考虑企业提供其他的信用支持,比如提高质押的比率、要求企业购买信用保险等,否则银行应当采用风险回避的方式。在信用风险评价中银行还应当考虑信用风险是否在银行能够承担的风险范围内。即使授信的风险与收益相匹配,但如果贷款的 VaR 等风险指标超出了银行的承受能力,银行也不适于经营这些业务。

信用风险的评价依赖于风险的度量,因此银行在经营中应当注意信息的收集、处理和应用,利用信息建立银行的风险分析模型,定量化地考察信用风险对银行的影响。我国商业银行在这方面还处于起步阶段,这和我国银行数据积累有限、经济环境快速发展有一定的关系。在目前的风险管理水平下,银行应当采用比较审慎的风险上限,在估计风险可能损失时也采取保守的态度。

4.信用风险控制

风险控制方法包括风险回避、风险转移、风险自留、风险补偿、损失控制等。

(1)银行拒绝企业的授信申请是一种最基本的风险回避方法,银行应当根据风险承受能力制定明确的风险回避指引。

比如××银行在旅游产业融资业务指引中规定,自偿性贸易融资授信评级在 BBB 级(含)以下的客户的授信申请一律拒绝。评级为 A 级、AA 级、AA 级以上的,也对产品使用进行了不同程度的限制。

(2)风险转移需要有第三方承接。

因此一个活跃的信用风险市场是银行便利地采用信用风险转移工具的条件。近年来,我国信用衍生品市场已经开始发展,除了多年前推出的出口信用险外,目前国外的很多信用保险机构开始进入中国。如科法斯与平安保险合作,在中国推出了应收账款保险产品。在××银行的旅游产业融资中,在引入核心企业和游客接待量监管公司作为局部的风险承接主体方面,已经探索出了一套成熟的模式。

(3)风险补偿与风险定价密切相关,而风险定价又与风险度量相关。

鉴于旅游产业融资在风险度量方面的难度,以及国内银行在该领域的空白,本书对此研究有待深入,这里仅建议从事旅游产业金融业务的银行应该从经验数据库的构建着手,分阶段地推进风险定价机制的建立。

(4)损失控制是在出现损失无法避免的情况下,采取有效的措施进行止损。

比如银行在发现企业信用状况恶化时,应停止在授信额度内授信的进一步发放;或者对授信支持性资产加强监控,并采取必要的资产保全措施等。

总体而言,从风险管理角度看,旅游产业融资的风险管理需要重复经过风险识别、风险度量与计量、风险评估和风险控制方案设计的流程,然后进入实施阶段(见图5-3)。

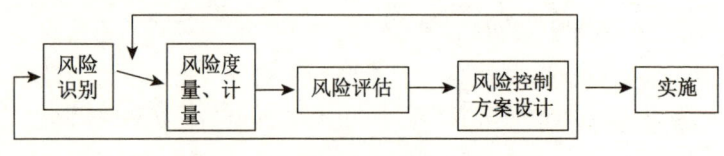

图5-3 旅游产业信用风险管理过程

三、旅游金融操作风险管理

巴塞尔委员会将操作风险定义为由于不完善或者失灵的内部控制、人为错误、系统失灵以及外部事件等给商业银行带来的损失,损失包括所有与风险事件相联系的成本支出。

旅游产业融资中的操作风险涵盖了信用调查、融资审批、出账和授信后管理与操作等业务流程环节上由于操作不规范或操作中的道德风险所造成的损失。而授信支持性资产的有效控制是融资解决方案的一个核心部分,此环节涉及大量的操作控制,这部分的操作风险管理成为旅游产业融资操作风险管理的重点。

(一)风险屏蔽技术导致信用风险向操作风险的转移

除了风险回避、风险转移、风险自留、风险补偿、损失控制等手段以外,旅游产业金融在信用风险控制方面的重要创新即是"风险屏蔽"。

从银行等金融服务商的角度看,信用风险可以从客观存在和主观临受两个层面理解。旅游产业的旅游中小企业成员的信用等级较低是客观事实,但是通过授信模式中游客接待量、资金流控制等自偿性技术的运用,旅游中小企业低信用水平对授信安全性的作用机制被有效地隔离和阻断。这样,银行等金融服务商实际面临的信用风险——从违约造成损失的可能性的角度看——可以大幅降低。

在实施上述风险屏蔽技术的过程中,银行等金融服务商操作环节显著增加、操作的复杂程度明显高于传统流动资金贷款业务,导致操作错误、操作制度的法律不确定性和漏洞出现的概率都增加,因此形成了较高的操作风险。

如前文所指出的,信用风险屏蔽技术旨在构筑隔离主体信用风险的"防火墙"。如果"防火墙"因为制度完善性和制度执行力的问题而漏洞百出,则旅游产业旅游中小企业成员的低信用水平对授信安全性仍然存在强关联。这样,信用风险因为风险屏蔽技术而向操作风险转移。举个例子,为了避免财产因意外导致的价值损失而购买了财产险,结果产生了新的风险:保险公司在意外发生后是否能够履约理赔。

旅游产业融资的操作控制首先要确保授信支持性资产的有效性和可实现性。

(1)银行等金融服务商首先应当确认资产是否真实存在,受信企业是否拥有资产的完整所有权。

(2)在出现信用风险时,确保银行等金融服务商对资产的所有权受到法律保护。

因此银行等金融服务商在事前要检查合同和相关协议的内容是否符合法律的规定。在签署法律文件时,要保证文件的正确性、有效性、完整性和规范性。

(3)银行等金融服务商应当确保授信支持资产对于授信信用支持的充分性。

也就是资产的价值能充分补偿银行等金融服务商可能出现的最大授信损失。

(4)银行等金融服务商还应当确保授信支持性资产受到有效监控。

这在国内目前旅游产业融资中,主要是依靠现金流管理和游客接待量管理的相关技术手段。旅游产业融资下的现金流管理是指银行等金融服务商通过设定流程模式、产品运用、商务条款约束等安排,对授信资金循环及其增值进行管理与控制,确保授信资金投入后经过交易的增值回流优先偿还银行贷款。对游客接待量的控制包括以三方协议的方式保证供货商的货物在送抵受信企业后处于银行等金融服务商的监控下、中立仓库对货物进行保管以及要求追加保证金与提取货物的操作相对应,等等。

(5)在游客接待量和现金流转换过程中,银行等金融服务商有可能失去对游客接待量和现金流的控制。

对于这个过程的风险,银行等金融服务商可以采用风险转移的管理方法,将承运风险转移给第三方游客接待量或保险公司。

现金流和游客接待量的监控操作,除了实现信用隔离外,同时可以起到授信资金使用方向控制的作用。此外,由于旅游产业内部关系的相对稳定,资金流和游客接待量的起点和终点是明确的,游客接待量和资金流的状态比较清晰,在对游客接待量和资金流的监控中,银行等金融服务商可以获得授信企业经营状况的信息,以便在企业经营出现问题时及时采取风险防范措施。

(二)操作风险管理的流程

1.操作风险识别

在操作风险管理中,风险识别是最关键的一个环节。巴塞尔委员会建立了分析操作风险的基本框架。按照导致操作风险的不同因素,将操作风险分为四类:人员因素导致的操作风险、流程因素导致的操作风险、系统因素导致的操作风险和外部事件导致的操作风险。

在旅游产业融资的操作风险管理中,银行可以根据巴塞尔委员会提供的操作风险分类框架,建立切合旅游产业融资流程的操作风险目录。因为有些操作风险识别非常困难,很多系统或流程上的漏洞经常在损失事件发生后才被注意到,所以建立自己的操作风险目录是非常必要的。而且银行要不断总结自身和其他银行的失误,对操作风险目录进行更新,这样可以使得操作风险识别逐渐趋向全面。

旅游产业融资的流程基本划分为以下一些环节:信用调查、产品设计、融资审批、出账和授信后管理、贷款回收等。在每个环节中,银行损失可能有三方面:①造成银行资产损失;②银行失去潜在投资机会;③银行声誉受损。银行可以从人员因素、流程因素、系统因素和外部事件等几个方面分析每个环节是否有导致银行损失的风险。

(1)在授信调查阶段,人员因素引起的操作风险是主要的操作风险。

旅游产业融资以企业的交易信息作为风险评估的重要依据,同时利用交易中的游客接待量和现金流作为风险控制的中介目标。因此,在授信调查方面与传统流动资金贷款的主体信用调查差异较大,专业化要求较高,这很可能导致客户经理的疏漏和误判。

(2)在操作模式的设计阶段,流程设计完善性的风险是最主要的操作风险。

旅游产业融资需要对授信支持资产进行控制。要实现控制目的,在授信合同、协议以及操作流程设计上,必须在保证可操作性的前提下杜绝明显漏洞,否则就会给欺诈行为留下可乘之机。这些漏洞包括合同不完善、合同条款对银行不利或合同条款不受到法律保护、产品设计的控制流程无法完全保证授信支持资产同企业主体信用隔离、流程过于复杂或苛刻导致误操作概率增大或执行困难、环节遗漏造成对资产控制的落空,等等。

(3)融资审批阶段的操作风险涉及人员风险、流程风险和系统风险。

人员风险有内部欺诈、越权等主观行为造成的风险,也有人员业务能力不匹配、关键岗位人员流失造成的客观人员风险。流程风险则包括银行授信审批流程不合理、授权不恰当造成的内部控制体系的问题,也包括文件信息传递不及时等业务流程上的问题。系统风险则主要是指用于后台风险管理支持的系统或模型未能有效识别风险导致的决策失误。

（4）出账和授信后管理是旅游产业融资中实行资金流和游客接待量控制的核心，尤其对于预付和存货业务而言，操作频密，是操作风险集中的环节。

四类操作风险在这个环节都存在，比如仓储监管人员欺诈或失职造成的人员风险、换货或提货流程设计不合理给外部欺诈留下可乘之机的流程风险、对于货物市场价格监控系统未能预警导致未能采取必要措施形成的系统风险以及仓储货物因外部突发事件导致损失的外部事件风险等。这些操作风险在不同的融资产品中会有不同的表现形式，银行需要根据全面分析这个环节的各个操作细节，从四类操作风险来源对风险进行识别。

2.操作风险评估

操作风险一直以来被认为是难以定量衡量的，因此在操作风险管理中，一般采用风险目录和操作指引的方式进行定性管理。在巴塞尔委员会将操作风险纳入最低资本监管要求后，操作风险模型有了比较大的发展。但到目前，操作风险精确度量实际上还存在相当的困难。

旅游产业融资中操作风险评估的主要意义在于将操作风险度量与操作风险管理有机结合。因此，现阶段建立操作风险数据采集系统是操作风险评估的首要工作。银行应当收集和分析旅游产业融资不同环节中各类操作风险造成的损失数据，并根据这些数据，评估旅游产业各项业务中操作风险的损失率。然后根据操作风险的损失率，结合银行的战略目标，评估旅游产业融资各项业务的操作风险是否在银行的承受范围内，供决策参考。

3.操作风险控制

操作风险管理技术发展目前处于初级阶段，操作风险管理方法与技术也处于探索阶段,但一些操作风险控制的原则已经在国际商业银行的实践中被广泛采用。

首先,在选择操作风险控制方法时必须考虑成本与收益的匹配。如果成本较高,则需要决定是否采用其他方法或放弃业务。其次,有关操作风险的每个环节必须有明确的责任人,使损失可以追究到人。这是完善内控体系的关键。

控制操作风险的思路有以下几个方面:

①完善内控体系;②提高人员素质;③降低对操作人员的依赖;④采用激励措施。

常用的措施包括管理洞察力、信息处理、行为监控、自动化、流程控制、责任分离、绩效指标、政策和程序等。其他的风险分散方法还包括建立培训方案、引入保险和外包。下面我们结合旅游产业融资的一些特点,介绍旅游产业融资中一些常用的操作风险控制方法。

(1) 完善内控体系

旅游产业融资中,审贷分离等基本内控原则与商业银行一般贷款没有大的区别,旅游产业融资的主要特点表现在授信支持资产的审核与管理上。一般审贷分离不能完全保证这个环节的人员风险,因此,旅游产业融资中,银行可以设立独立的授信支持资产管理部门通过业务线的客户经理和授信支持资产管理部门人员的双重核查,来降低人员操作风险。一些循环贷款产品,如存货和应收账款池融资产品,还应建立定期的审核制度,定期检查存货与应收账款是否符合授信合同规定的要求。

(2) 提高人员素质

在旅游产业融资中,除了培养员工风险意识和职业道德外,对于员工的能力培养也是非常重要的。在信用评审中,应重点培训授信评审人员对企业间交易的真实性、正常性进行评价的能力、授信支持资产的真实性、有效性评价的能力,以及对操作模式可行性评价的能力。设立授信支持资产的管理部门也可以有效提高人员的专业化水平,防范存货监控、票据辨别等环节的操作风险。

(3)降低对操作人员个体能力的依赖

旅游产业融资在贷前需要调查的信息比一般企业授信更复杂,银行可以建立专业的调查、审查模板和相关指引。调查人员按照模版要求的框架进行信息搜集,可以有效降低调查人员专业能力对调查结果有效性的影响。在旅游产业融资的出账和贷后管理环节,银行应建立细致的操作指引,明确操作流程、关注的风险点和操作的步骤要求,使得操作人员有章可循,严格控制自由裁量权。针对不同类别产品,应制定标准的合同和协议文本,并对填写的规范作出详细说明。

(4)不断完善各类产品的业务流程

旅游产业融资作为一项新兴业务,发展中会不断发现新的问题;同时,相关的监管制度或法律法规也在不断完善。因此,旅游产业融资的操作风险管理应建立相应的机制,定期或按需审核各类产品流程的缺陷,并进行相应的完善。

(5)合理引用操作风险转移技术

操作风险转移手段包括两类,一是风险保险,二是操作环节外包。在国外,许多操作风险可以通过保险方式进行转移,但国内尚不具备广泛推广的类似条件。

不过,在旅游产业融资的游客接待量管理环节,有些保险产品可以为旅游产业融资的操作风险提供转移渠道。比如一些保险公司就曾经探讨过监守自盗的相关险种。另外,在国内旅游产业融资实践中,很多银行通过与第三方游客接待量的战略合作,将游客接待量监管的操作风险转移到游客接待量或仓储公司,有效降低了操作风险的管理成本。

四、旅游金融法律风险管理

(一)旅游金融法律风险管理的界定与内容

《巴塞尔协议》认为法律风险是广义操作风险的一部分,但业界对于法律风险是否属于操作风险目前还存在争议,这里将法律风险单独讨论,是由于旅游产业融资的法律制度环境与传统银行业务存在较大差异。

旅游产业融资是一项服务创新,尤其是旅游产业融资中广泛采用授信资产支持技术,各类授信支持资产是否能与受信主体信用充分隔离,是旅游产业融资风险管理中的要害问题,其中也涉及比较多的法律问题。因此,法律风险管理是旅游产业融资产品设计中必须考虑的内容。

法律风险的定义是非常困难的,因为法律风险的边界相对模糊,即使信用风险中也可能包含法律风险。比如在债权的追索中,如果出现纠纷,需要通过法律程序解决,就会产生法律风险。

本节讨论的法律风险主要针对旅游产业融资中动产担保物权相对应的法律风险。法律风险有三种方式造成损失:①银行或其员工、代理机构在法律上的无效行为;②法律规定和结果的不确定性;③法律制度的相对无效性。银行或其员工、代理机构在法律上的无效行为结果可能直接导致动产担保物权不能受到法律的保护。比如抵质押、转让交易没有用法律文件来进行规范,或者它们本身就是非法的或不能有效执行的,都有可能导致法律无效行为的产生。

(二)旅游产业融资中动产担保物权相对应的法律风险

旅游产业融资中,此类风险对银行的授信安全危害特别大。首先,旅游产业融资作为创新过程中的服务,产品不断推陈出新,业务模式多样化,相对传统业务,其标准化程度还相对较低。其次,尽管旅游产业融资中授信的相关合同逐渐标准化,但是与信用捆绑、货物监管、业务代理、资产处置相关的协议、声明书、通知书等法律形式繁多,且很难统一。

法律的不确定性是指损失来源是单纯的法律不确定性,并不是银行自身的过失。由于法律规则的复杂性或模糊性,法律体系中本身会存在着空白、冲突和语焉不详。另外,法律变动也会造成银行的损失,金融创新也会导致法律的不确定性。

在旅游产业融资中,这些不确定性会导致银行面临善意的第三方对授信支持资产的索偿要求。比如旅游产业融资主要是依靠企业的流动资产提供信用支持,我国《物权法》出台前,银行开展存货融资主要是依靠存货质押方法实行游客接待量控制,但质押的特定化问题在实际业务操作中很难实施;又如,作为对核心企业的信用捆绑技术,回购条款被广泛采用,但是这种事先约定的资产处置条款在国内法律上存在瑕疵。

新颁布的《物权法》中对浮动抵押方式的明确,给非特定化的存货融资提供了法律依据,但也带来了新的问题,比如,很多地方工商局仍不接受浮动抵押的办理。另外,一些地方工商局虽然接受办理,但不接受查询,这给重复抵押造成了隐患。

在我国,目前不同区域的法律执行效率存在差异。另外,法律和行政权力的区分在有些领域相对模糊。地方政府为保护地区经济,甚至可能干涉法律的执行。这些问题经常影响到旅游产业中贸易信用的追索,甚至直接影响到贷款债权的追索,这也是旅游产业融资法律风险管理中需要关注的问题。

五、旅游金融风险管理的两个重要手段：现金流控制和结构性授信安排

旅游产业融资与传统流动资金贷款最主要的信贷理念差异，在于贸易背景的特定化以及系统性统筹授信。

贸易背景特定化的目的首先在于控制资金的专款专用，以便就特定贸易背景下的利润实现和利润分配作出充分的预估，进而评价还款现金流的充分性。同时，特定化的贸易背景有利于银行根据贸易背景的游客接待量、结算等特征量身定制具体的操作模式，以便构造导引现金回流银行的通道，实现还款。因此，现金流控制是保证贸易背景特定化的核心技术，因此也派生出游客接待量控制、核心企业信用引入等其他手段。

旅游产业融资将旅游产业所有成员视为一个融资需求的整体，不以满足所有个体的孤立需求为导向。因为对某个个体成员提供融资，也往往解决了交易对手的流动性问题。因此，对授信资金注入的节点选择以及注入量的控制，必须基于系统论的考量，以避免局部甚至整体的授信过度或不足。这就是结构性授信安排技术发展的出发点。

（一）现金流的控制与管理

旅游产业融资下的现金流管理是指银行通过对流程模式、产品运用、商务条款约束等要素的设定，对授信资金循环及其增值进行管理与控制，实现信贷资金投入后的增值回流。这里的现金流的管理，并非传统的现金流预测，而是区分资金的性质后，对资金包括出发点、流量、流向、循环周期等方面的全面管理。

现金流管理旨在保障银行授信资金进入旅游产业的经营循环后，能够产生足够的现金流抵偿到期债务。控制住现金

流,也就控制住了还款来源,增强了还款来源的可预见性、操控性和稳定性。

1.现金流管理的要素

(1)流量的管理

主要是控制授信限额,重点考查现金流量与借款人的经营规模和授信支持性资产的匹配关系;借款人的采购或销售网络、上游的供货能力、下游的支付能力等因素。

其一,单笔贸易现金流量的计算,需要综合考虑交易双方的履约意愿和履约能力,申请人自身的承债能力等,估算该业务申请人自有资金和银行投入的资金的比例。以公式表示:单笔合同金额=保证金+单笔融资金额(单笔贸易现金流)。

其二,授信企业一定期限内现金流量的计算,主要依据授信企业过往交易记录及其业务合理发展幅度来匡算,即:季节性销售增长引发的现金流需求=营运投资旺季值-营运投资淡季值;营运投资=存货+应收账款-应付账款-应付费用;长期性销售增长引发的现金流需求=近三年核心营运投资环比增长量。以公司在一年中的最低销售点时所必须保有的核心营运投资(存货+应收账款-应付账款-应付费用),来计算连续3年的环比增长。

(2)流向的管理

就是对现金流去向和来向的控制,即在具体操作环节上落实贷款用途。回流的现金是银行关注的重点,其中包括回流现金的路径、回流量以及回流时间。循环周期的管理。现金流管理的重点,在于保证授信企业与上下游之间资金流与游客接待量相对运动的顺利完成。现金流周期管理要综合考虑行业内通行的结算方式及平均销售周期,来判断一个完整的资金循环所需时间。循环周期控制不当,会导致资金提前回流或滞后回流,使银行与企业在资金使用的安全与效率等方面产生冲突,甚至引发不良贷款。

2. 目前现金流管理的手段

(1)金融产品的组合运用

根据金融产品本身的特征及其对资金走向和回收的组合安排,可较好地控制现金流的循环。如指定银行承兑汇票、商业承兑汇票的收款人以及指定付款账号可控制资金的去向,直接将资金支付给上游卖方;通过国内保理业务、指定商业承兑汇票贴现人、协议约定或购销合同上注明回款账号唯一性等手段可以确保现金的及时回流。以上操作控制手段可作为审批意见中的限制性条款,授信出账前落实和监督执行。

(2)信息文件的约束和控制

现金流的信息文件可以约束现金的流向,也可以客观地反映现金流运动。如资金的去向可以在汇票上载明收款人或指定付款账号,在发货单或提单上的收货人、提货人栏可注明为银行或银行指定的收货人以监控货物;同时发货单、提单也是游客接待量的流向及不同节段上某一时间货物所处状态的证明。

(3)业务流程模式和商务条款的控制

可通过合同中的商务条款、协议中多方约定保障现金回流的路线。可通过给企业设定保证金账户、封闭授信来处理应收、应付、存货的管理;办理业务时要求必须提供相关合同、发票、发/收货证明等现金流物化载体。

(4)发挥财务报表在现金流控制中的作用

授信人连续的财务报表可以勾画出一个相对完整的现金流向图。财务报表是现金流在数据上的体现,贸易链条各参与者每一时点的财务报表都体现了资金的静态状况以及其与有关资产负债项目的相关关系。对企业应收账款、应付账款、存货、货币资金及销售收入的监控和管理,是控制和检视现金流的有效手段。

3.现金流量分析

现金流是指现金在企业内的流入和流出,分为三个部分:经营活动的现金流、投资活动的现金流、融资活动的现金流。

经营活动指企业投资活动和筹资活动以外的所有交易和事项,销售产品或提供劳务、经营租赁等所收到的现金、购买货物、接受劳务、制造产品、广告宣传、推销产品、缴纳税款等所支付的现金。

投资活动指企业长期资产的构建和不包括在现金等价物范围内的投资及其处置活动收回投资;分得股利、利润或取得债券利息收入。

处置固定资产、无形资产和其他长期资产收到的现金等;购建固定资产、无形资产和其他长期资产所支付的资金;进行权益性或债务性投资等所支付的现金。

融资活动指导致企业资本及债务规模和构成发生变化的活动;吸收权益性投资所收到的现金;发行债券或借款所收到的现金;偿还债务或减少注册资本所支付的现金;发生筹资费用所支付的现金;分配股利、利润或偿付利息所支付的现金;融资租赁所支付的现金等。

现金流量分析通常首先分析经营性现金流,关注经营活动现金流从何而来,流向何方,现金流是否为正值,现金流是否足以满足和应付重要的日常支出和还本付息,现金流的变化趋势和潜在变化的原因是什么;其次分析投资活动的现金流,关注企业买卖房产、购买机器设备或资产租借,借款给附属公司,或者买卖其他公司的股票等投资行为;最后分析融资活动的现金流,关注企业债务与所有者权益的增加/减少以及股息分配。

针对企业所处的不同发展阶段以及不同期限的贷款,企业现金流量分析的侧重点有所不同。

(二)结构授信安排

结构授信不同于离散的单一客户授信,是指银行以真实贸易为背景,对包括授信申请人及其旅游产业节点上主要参与者在内的客户组团的授信,即银行基于同一交易客户群体的融资需求和总体抗风险能力,根据不同的产业特征和客户需求,对相对封闭的旅游产业贸易链条上关联环节客户进行主动授信安排,并提供不同的产品组合和差异化服务。结合图5-4,可以从以下两方面来理解结构授信。

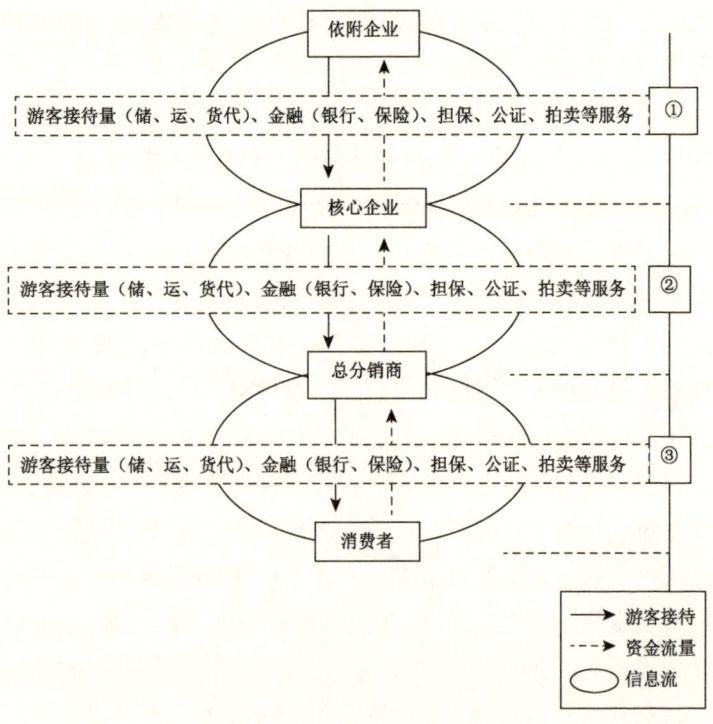

图5-4 旅游产业下的结构授信

第一,"结构"是指授信申请人及其旅游产业上的贸易伙伴形成的交易关系及价值循环的组合。更广义的理解是申请人及其产业链上的贸易伙伴以及商品流通关系所延伸到的跨业协作者之间形成的交易关系及价值循环的组合,如图5-4所示的①②和③可以分别形成独立"结构",如①和②,②和③,①②和③组合均可以分别形成复合的"结构"。授信申请人、交易对手、跨业协作者是"结构图"上的节点,资金流、游客接待量是连接线,信息流将整个旅游产业贯通起来。银行通过对结构图中不同节点及其相互之间交易关系和价值循环的分析,可以对其隐含的总体融资需求及个体的融资需求进行估算和规划,并提供不同的产品组合和差异化服务。

第二,"结构授信"使银行审查的重点从关注单一客户到关注某一系统的交易背景,亦即"结构"包括与业务相关的两个或两个以上的企业。结构授信除了对授信人个体的信用风险外,还对某一业务所涉及的市场风险及操作风险予以考察,是推进全面风险组合管理的有效手段。银行从过去单一的强调申请人个体的资产状况、资金需求和偿债能力,转变为对保障一笔或一系列交易完成所需要的宏观、微观环境和内部、外部条件的关注;从被动的风险控制逐步转向主动的风险管理;从以覆盖风险敞口为绝对导向,转向主动全面认识、衡量风险并分散风险。

结构授信的构建可以分四个步骤进行:

(1)明晰交易"结构"关系。勾画旅游产业条流程,了解各参与主体在旅游产业上的作用、其经营性质和资信情况。必要时,可加上其与跨业协作者(即图5-4所示包括游客接待量、金融、担保、公证、拍卖等在内的中介服务提供商)的交易关系。通过上下游约定的结算方式了解资金流及游客接待量的流向与特征,评估旅游产业链条是否成熟、清晰,资金流与游客接待量循环是否完整。

(2)评估用以支撑授信的贸易背景的经济强度。对整个旅游产业链的行业状况、市场份额、市场容量进行分析,评估银行授信资金介入后的增值空间。以授信申请人为切入点,沿上下游考虑其在旅游产业链上的位置、谈判地位、判断其交易完成的可能性,主动选择有利于旅游产业巩固的企业参与结构授信。

(3)给予"结构"适量的授信安排。参照授信申请人的额度需要,分析旅游产业交易关系和各参与主体的经营特征,以及完成交易实际所需的资金量确定授信限额,对包括授信申请人及其交易"结构"内的交易对手,主动给予结构授信安排。需要注意的是,旅游产业上的交易是逐个环节完成的,资金流随着游客接待量逐个环节结算并实现增值,这一特点使得授信限额的确定,不是各环节所需资金的累加,而是取决于商品本身所具有的市场价值,即并非"1+1+1=3",而是"1+1+1=1+环节增值"。

(4)进行风险定价和条款约束。根据各主体承担风险的差异和利益区间,给予相应的风险定价和商务条款约束。

结构授信解决了旅游产业融资业务风险管理中的两个突出矛盾。第一,解决授信承载主体单一和融资中多主体的实际资金需求与资金使用的矛盾。由于旅游产业融资中多主体产生的资金需求和资金实际使用,银行理应基于对市场容量、交易对手资信的判断,将信贷资金渗透到交易的关键环节,以现金流管理和风险分散、责任捆绑等原则来把握超过授信人承受能力的那部分授信风险。第二,解决了授信主体信用与旅游产业整体信用不对称的矛盾。结构授信不是简单依据授信申请人本身的信用情况决定授信与否及授信限额,而是综合掌握旅游产业风险捆绑延伸、过渡转移、现金流控制、风险分散等因素,对贸易本身及其涉及的交易主体进行综合测评。银行在风险管理过程中不再片面强调授信主体的财务特征和行业地位,也不再简单依据对受信主体的孤立评价作出信贷决策,而是注重结合真实贸易背景下交易各方全面的信用评估、结构授信组合下旅游产业条面临的市场风险、流程设计对操作风险的控制效果以及对企业违约成本的评估等,作出对具体节点的信贷决策。总之,银行在把握贸易真实性的基础上,将风险评估由过往简单的主体信用抵偿转向了贸易"自偿性"的视角。这种安排一定程度上是银行风险管理观念的转变,也是授信评审价值取向由形式转向实质的一大进步。

结构授信提高银行授信资金的使用效率和营销效率。"结构"中沿旅游产业连续的交易过程,使得授信资金沿上下游交易环节顺次反复利用,使信贷资金使用效率得以提高和优化。同时,"结构"授信安排下,旅游产业上下游交易方关系围绕银行信用和银行主导的交易方式得到巩固并日益加强对银行的依赖,也使得银行真正从技术层面捆绑客户群体,实现网络性占有,提高客户忠诚度和竞争对手的进入门槛。

与此同时,结构授信也利于分散和降低风险。首先,风险敞口沿着旅游产业延伸或过渡转移而不再集中于单个客户,分散到旅游产业条上的风险将以合同、协议、票据等手段实现对相关客户群体的责任捆绑。其次,结构授信使旅游产业各环节参与者尽可能地纳入银行的监控范围,并提供了资金回流控制的解决方案,使现金流从企业的采购资金到原材料、成品销售、销售资金回笼的全过程得以控制。最后,银行信用的介入和相关产品与业务流程模式的应用,促使企业规范经营,保证资金安排的合理性和及时性,促进、约束交易关系的顺利完成,有利于巩固交易链条,推动原有商业信用关系的扩展,提高商业信用并形成对银行信用的有益补充。

(1)如果旅游产业中上下游都是大型企业,但两者的资本成本差异较大,利用旅游产业制造的一些特点,采用特殊的融资方式,对于降低旅游产业整体的资本成本也能起到显著效果。

(2)Stiglitz 和 Weiss(1981)认为银行的期望收益是由利率和借款人的违约概率决定的,所以银行贷款利率是由银行对企业的违约风险判断和期望收益率决定的,如果银行无法准确获知借款人的违约概率,必然要求高的利率来对抗违约风险。这会造成低风险的借款人退出市场而高风险的借款人进入市场(逆向选择);同时使得借款人使用贷款去进行一些高风险的投资,甚至可能出现恶意的逃废债(即道德风险问题)其结果很可能是利率提高使得违约风险提高,反而降低了银行的预期收益。因此银行的最优选择不是在高利率水平上满足所有借款申请者,而是在相对较低的利率水平上给一部分借款申请者以贷款这样就形成了信贷配给,即一部分企业无法获得所需要的贷款信息不对称理论可以解释为什么大企业容易获得贷款而小企业不容易获得贷款。

(3)巴塞尔委员会根据业界的建议,进一步细分操作风险为七个大类,并设计了一个矩阵将七种损失类型进一步细分为此类型和相关的活动。

①内部欺诈;②外部欺诈;③就业和内部工作场所的安全;④客户、产品与业务;⑤对固定资产的破坏;⑥业务异常与系统失灵;⑦执行、配送和流程管理。

(4)之所以引入"结构"的概念,主要基于这样的事实现行旅游产业融资业务,实际上是以受信人为切入点,银行信用渗透到了其特定贸易项下上下游交易对手;而银行信用给予的基础,在于真实的特定贸易,以及贸易业务本身所具备的自偿性特点。

(5)此处支撑强度主要从两个方面测度一是该业务(交易)未来可用于偿还贷款的净现金流量;二是该业务抵(质)押品变现的资产价值。

(6)对贸易"自偿性"的评估包括以下方面:

①不过分强调企业个体财务状况,把握融资需求的真实度;②以申请人在旅游产业条中的位置、谈判地位、资金实力,来判断旅游产业稳固性、延续性,判断其预期经营计划完成的可能性;③正视企业内在资金需求结构,甄别融资需求产生的原因,对企业的当期经营活动和预期经营活动进行分析和预测,合理安排资金供给;④充分考虑企业违约成本和违约动机,判断风险发生的可能性;⑤依托对交易对手责任的捆绑和现金流、游客接待量的实际控制,确保还款来源的自偿性;⑥通过银行管理的有效规范监控企业交易行为。

六、旅游金融风险的管控实操

(一)旅游金融信贷业务

旅游金融信贷业务的风险主要为借款企业的信用风险,对信用风险的管控主要存在以下困难:

1.旅游金融信用风险管理的量化困难

旅游金融信用风险管理存在难以量化分析和衡量的问题。传统旅游金融信用风险管理缺乏科学的定量分析的手段而更多地倚重定性分析和管理者主观经验和判断的艺术性的管理模式。旅游金融信用风险定量分析和模型化管理困难的主要原因在于两个方面:一是数据匮乏,二是难以检验模型的有效性。数据匮乏的原因,主要是信息不对称,很难计量每日损益、持有期限、违约事件发生的预测等。模型检验的困难很大程度上也是由于信用产品持有期限长、数据有限等原因。

2.旅游金融信用风险管理实践中存在"信用悖论"现象

这种"信用悖论"是指,一方面,风险管理理论要求银行在管理旅游金融信用风险时应遵循投资分散化和多样化原则,防止授信集中化,尤其是在传统的旅游金融信用风险管理模型中缺乏有效对冲旅游金融信用风险的手段的情况下,分散化更是重要的、应该遵循的原则;另一方面,实践中的信贷业务往往显示出该原则很难得到很好的贯彻执行,许多银行的贷款业务分散程度不高。造成这种信用悖论的主要原因在于以下几个方面:一是对于大多数没有信用评级的旅游中小企业而言,银行对其信用状况的了解主要来源于长期发展的业务关系,这种信息获取方式使得银行比较偏向将贷款集中于有限的老客户企业;二是有些银行在其市场营销战略中将贷款对象集中于自己比较了解和擅长的某一领域或某一行业;三是贷款分散化使得贷款业务小型化,不利于银行在贷款业务上获取规模效益;四是有时市场的投资机会也会迫使银行将贷款投向有限的部门或地区。

3.旅游金融信用风险的定价困难

旅游金融信用风险的定价困难主要是因为旅游金融信用风险属于非系统性风险,而非系统风险理论上是可以通过充分多样化的投资完全分散,因此基于马柯威茨资产组合理论而建立的资本资产定价模型(CAPM)和基于组合套利原理而建立的套利资产定价模型都只对系统性风险因素,如利率风险、汇率风险、通货膨胀风险等进行了定价,而没有对旅游金融信用风险因素进行定价。这些模型认为,非系统性风险是可以通过多样化投资分散的,理性、有效的市场不应该对这些非系统性因素给予回报,旅游金融信用风险因而没有在这些资产定价模型中体现出来。

对于任何风险的定价,都是以对风险的准确衡量为前提条件的。由于前述的一些原因,旅游金融信用风险的衡量非常困难。

4.对于企业间交易旅游金融信用风险的把控难

80%的经营失败企业都呈现出延迟付款或付款波动现象,而且付款信息具有时效性,其他财务信息则陈旧滞后,因此付款信息具有独特预测性作用。为获得及时且真实的付款信息,企业可以加入第三方的付款信息交流平台,从而快速分享并获得具有高度预测性的付款信息。

(二)旅游金融信贷风险管控的发展趋势

旅游金融信用风险作为一种古老的风险形式,长期以来,人们采取了许多方法来规避,以期减少损失。传统的旅游金融信用风险管理方法主要有专家制度、贷款内部评级分级模型以及Z评分模型等。现代旅游金融信用风险管理呈现出如下几个发展趋势:

1.旅游金融信用风险管理由静态向动态发展

传统的旅游金融信用风险管理长期以来都表现为一种静态管理。这主要是因为旅游金融信用风险的计量技术在相当长的时间里都没有得到发展,银行对信贷资产的估值通常采用历史成本法,信贷资产只有到违约实际发生时才计为损失,而在违约发生前借款人的还款能力的变化而造成旅游金融信用风险程度的变化难以得到反映,银行因而难以根据实际旅游金融信用风险的程度变化而进行动态的管理。在现代旅游金融信用风险管理中,这一状况得到了很大的改进。首先,旅游金融信用风险计量模型的发展使得组合管理者可以每天根据市场和交易对手的信用状况动态地衡量旅游金融信用风险的水平,IT 市的方法也已经被引入到信用产品的估价和旅游金融信用风险的衡量。其次,信用衍生产品市场的发展使得组合管理者拥有了更加灵活、有效地管理旅游金融信用风险的工具,其旅游金融信用风险承担水平可以根据其风险偏好,通过信用衍生产品的交易进行动态的调整。

2. 旅游金融信用风险对冲手段开始出现

长期以来,旅游金融信用风险管理模式局限于传统的管理和控制手段,与日新月异的市场风险管理模式相比缺乏创新和发展,尤其缺乏有效的风险对冲管理手段。传统的管理方法只能在一定程度上降低旅游金融信用风险的水平,很难使投资者完全摆脱旅游金融信用风险;而且,这种传统的管理方式需要投入大量的人力和物力,这种投入还会随着授信对象的增加而迅速上升。这一局限性对以经营存贷业务和承担旅游金融信用风险为核心业务的商业银行而言并无多大影响,但随着旅游金融信用风险越来越多地进入证券交易和投资银行领域,传统旅游金融信用风险管理的这一局限性变得日益突出。对于证券交易商而言,其面临的旅游金融信用风险具有以下特点:一是与商业银行不同,证券交易商是以承担市场风险而不是旅游金融信用风险为自身业务的核心,旅游金融信用风险只是交易的副产品,是交易双方都试图剥离或摆脱的;二是由于证券交易品种多样化、交易对手也涉及广泛的特点,证券交易商往往比商业银行面临更多的信用对象;三是证券交易商往往缺乏商业银行那样管理旅游金融信用风险的经验和相应的人力和物力,这都使得传统的旅游金融信用风险管理模式和手段不能适应市场发展的需要。在市场力量的推动下,以信用衍生产品为代表的新一代的旅游金融信用风险对冲管理手段开始走到风险管理发展的最前沿,并开始推动整个风险管理体系不断向前发展。

3.旅游金融信用风险管理方法从定性走向定量

传统的旅游金融信用风险管理手段主要包括分散投资、防止授信集中化、加强对借款人的信用审查和动态监控,要求提供抵押或担保的信用强化措施等。尽管这些传统的旅游金融信用风险管理方法经过多年的发展已相当完善和成熟,有些甚至已经制度化,成为金融机构风险内控体制的重要组成部分,但是,这些传统的旅游金融信用风险管理方法主要都是基于定性分析。

近年来,信用风险的计量和管理方法发生了革命性的变化。与过去的信用管理相对滞后和难以适应市场变化的特点相比,新一代的金融工程专家将建模技术和分析方法应用到这一领域,产生了一批新技术和新思想。随之而来,在传统信用评级方法基础上产生了一批信用风险模型,这些模型受到了业内人士的广泛关注。比如邓白氏中国风险预警评分(EMMA Score),可以预测企业处于不稳定或不可靠的风险状况的可能性,以及付款指数(Paydex),是对目标企业付款表现的量化指标。

现代信用风险模型主要是通过数理统计手段对历史数据进行统计分析,从而对有关群体或个体的信用水平进行定量评估,并对其未来行为的信用风险进行预测,提供信用风险防范的有效依据和手段。

(三)信贷风险管理的思路

信贷风险管理是指通过风险识别、计量、监测和控制等程序,对风险进行评级、分类、报告和管理,保持风险和效益的平衡发展,提高贷款的经济效益。信贷风险管理是一项综合性、系列化的工作,贯穿于整个信贷业务流程,自贷前信用分析、贷时审查控制、贷后监控管理直至贷款安全收回。

风险管理尽量前移,风险控制从选择客户开始。要支持能够盈利的客户,避免"风险投资式"的贷款,两者的风险报酬模式完全不同。

重视第一还款(即借款人本身)来源,而不是将重点停留在关注抵押和担保,给好的企业提供无担保的贷款,也不给差的企业提供完全担保的贷款。担保仅仅是一种保证,但绝对不是主要的还款来源。现金流是判别能否贷款的主要依据。

分析借款人的违约概率(PD)、预期违约风险额、违约损失额以及借款人违约的机会成本测算。

贷款的收益有上限而本金损失无下限。从实际情况看,贷款的最大收益就是按与借款人所签订的贷款合同规定的利率,按期收回本息。但倘若借款人一旦违约,其涉及的损失则不会仅限于贷款本金本身。

贷款集中不能像股票投资集中那样会带来额外收益,相反,它会造成额外损失。因为,预期外信贷损失或损失波动,不但取决于借款人的违约概率和违约损失率的波动,也取决于信贷资产组合的内在关系。

旅游行业的旅游金融信用风险识别及管理方法有别于其他行业,具有很明显的行业和客群特色,本书将通过以下案例,具体分析针对此群体的风险管控环节中的操作方法及注意事项。

(四)旅游行业金融风险分析及风险管理(以传统旅行社和OTA为例)

1.行业分析

(1)传统旅行社

旅行社行业的市场化程度很高,属于充分竞争型的行业,国内游和入境游有一定的准入门槛;在出境游和商务会展旅游上存在很高的准入壁垒。出境游业务具有上游资源多、流程较长的特点,游客面临各种不同的政治经济环境和文化背景,存在较大突发事件的风险。因此,能否从组团、发团、境外行程、处理突发事件等方面为游客提供满意服务,成为出境游旅行社发展的重要壁垒之一。

各大旅行社注重管理技术的提升,以培育核心竞争力,开展旅游服务的网上预订和线上营销,开展电子商务。能否成功应用信息技术,推进内部管理信息化和网络渠道的扩展,成为旅行社行业的另一重要壁垒。另外一个较重要的壁垒则为资金壁垒,在实施批零一体化的过程中,要建立覆盖全国重点区域的实体营销网络,建设完善的电子商务平台,需要投入大量的资金进行网络布局,另外针对商务会展旅游业务通常给予商户一定的账期,旅行社就需要先行垫付资金。因此旅行社需要较多的周转资金。

旅行社行业的主要特点包括周期性、地域性、季节性、敏感性等特点。

从长期来看,旅游行业与国家宏观经济的发展水平和发展周期呈现显著的正相关关系,随着经济周期的更替而呈现周期性的变化。由于旅游资源具有不可复制性和不可转移性,旅游行业存在着明显的地域性特征。一直以来,具有丰富旅游自然资源和人文景观的地区属于旅游热点地区游客接待量明显高于其他地区,旅游企业分布也比较密集。旅游行业具有较为明显的季节性特征,旅游淡旺季比较明显,除了自然气候的季节性以外,旅游行业还有根据游客闲暇时间分布的季节性特征,比如每年黄金周、小长假、周末旅游人数会较平时大幅增加。旅游行业是高度敏感的行业,其对外部环境的变化较为敏感,旅游客源地、目的地及相关国家和地区的社会、经济、政治、气候、交通等外部环境都将直接影响到旅游行业的发展和旅游企业的经营。

(2) OTA

以上阐述的是传统实体旅行社的行业分析,"互联网+金融"的战火烧到了在线旅游行业。2013年在线旅游金融产品进入人们视野,随着在线旅游企业纷纷进场,2015年交易规模出现了爆发性增长。

易观智库发布的《中国在线度假旅游市场专题研究报告2015》显示,2014年,中国互联网旅游金融市场的交易额规模为19.7亿元,预计到2017年将达221.9亿元,今明两年这一市场规模将增长10倍。

途牛、去哪儿、携程、同程、驴妈妈等各大在线旅游企业都已试水旅游金融产品。比如途牛推出了自营消费分期产品,携程成立了携程金融事业部,去哪儿上线与闪白条合作开发的商旅消费金融产品"拿去花",同程旅游启动了"双十亿计划",为供应商提供低息或免息贷款。

涉足互联网金融,并结合旅行业能够为用户提供更多的增值服务,可以提高用户黏性,使公司业务更加多元化,也有助于形成新的利润节点。

也有业内人士认为,在线旅游企业的优势在于用户规模,将旅游延伸到金融产品的趋势,也许会成为未来在线旅游发展方向之一。但目前来看,其弱势在于风控经验不足,短期恐怕难以盈利。

2.经营风险

旅行社的经营过程与资源及经验密不可分,企业经营者的从业年限及资源状况,则成为一个企业重要的风险指标,除此之外还包括管理风险、运营风险、产品风险、操作风险等。

(1)管理风险

部分旅游企业因受国家政策的保护,其企业管理制度没有实施根本性的改革,产权关系不明晰,经营观念落后,企业缺乏活力,未能跟上越来越开放的旅游市场和客户需求,造成了管理上的风险。

(2)运营风险

运营风险涵盖项较多,主要分为市场风险、投资风险、财务风险、人事风险。

市场风险是指在市场决策与运作过程中可能遇到的不利于企业生存发展的不确定因素。

投资风险是指在拓展旅游业务或者开拓新市场、新项目时投入大量的财力,但回报的稳定性和效益性难以预计。

财务风险是在自身财务决策、分析和控制过程中由于内外部因素的影响可能存在不安全的因素。

人事风险则是由于企业编制定员不科学、员工队伍不稳定、核心骨干离职甚至侵犯商业秘密等给企业正常运作管理代理诸多困难与麻烦的风险。

(3)操作风险

操作风险是指在旅游服务过程中产生的操作性风险。如违反与旅游者签订的旅游合同;为了弥补损失、增加利润,擅自变更行程、减少游览时间和增加购物次数;在合同中设置条约陷阱;利用旅游合同有关价格的模糊表示欺骗旅游消费者等行为而为企业带来的各种不确定性风险。

3.风险管理

(1)融资用途

在贷前、贷中和贷后全过程进行贷款用途审查和管理。融资企业准入重点分析内容如下：

①企业主营业务、核心产品或服务是特色和竞争力,是否与行业发展相匹配、是否符合市场需求。

②主业数据(业务和资金之间的关系,交易资金数据的稳定性和结构关系是否一致);业务稳定性、增长性、与行业内其他群体的差异和比较差异分析;团队构成、人员结构;业务链路结构、上下游链路关系等。

③实际控制人从业年限和实际控制人的家庭关系数据、家庭资产分布情况;主要核心经营者的从业年限、行业口碑、家庭关系数据、家庭资产分布情况等。

④核查企业的规模与融资匹配关系(多贷、盲目借贷及民间拆借等);融资与主业的关系分析、融资金额的合理性;借款用途与主营业务、主营业务与偿还能力的关系、还款方式等交叉验证、分析;融资款项的定向支付;如贷款实际用途与借款合同约定不符,或借新还旧,要果断放弃。

(2)风险分析(传统旅行社)

风险分析是将融资企业的各种问题一一鉴别出来。这需要对融资企业所在的业务市场情况、上下游资源、业务协议、资金交易关系、行业参与者等进行分析、比较。确保融资企业的抗风险能力较强、对融资企业的管理者分析到位、利润稳定。

一个稳步向前的旅行社,首先业务要贴合市场大环境,在行业内的分工明确,不论是属于组团社、地接社还是批发商均要有明确市场定位,并且主营业务大方向不偏离主要市场的规律线路。在具体的区域、细分市场有自己的明显比较优势和特殊点。

旅行社的经营年限是体现旅行社的底蕴的一个方面,但并非绝对,有的旅行社虽然经营年限较长,但思想陈旧,管理模式落后,不能迎合市场变化,也同样会被市场所淘汰。反而是一些创新型的企业,虽成立时间较短,但在整合资源能力、管理能力、产品设计能力等方面都很强,只要找到对的领头羊,发展前景会一片大好。

好的口碑对于旅游行业来说非常重要。上下游的评价、市场评价、内部评价等基本可以判断出这个企业的经营模式、发展趋势、属地资源等情况。企业的口碑好,说明企业员工整体素质较好、企业产品价值较高、企业资源情况良好。而口碑差的企业,在旅游行业里,寸步难行,发展壮大较难。

以上情况同样反射到企业主身上。旅行社的企业主一般都是当地人,家族企业居多,在旅游行业均有一定的资源,都在一个圈子内活动,在同行间的口碑也就变得尤为重要。从同行评价或者员工评价中可以获得很多隐形信息,包括企业主的生活习惯、品行爱好、家庭关系、健康状况等。在风险考察中,我们往往关注交易对手的旅游金融信用风险,而忽视了对企业主的调查,因此我们也无法准确衡量企业主对项目的担保能力。故在考察时还应该关注企业主的管理能力和投资偏好,是否能够对宏观经济形势、政策法规、市场风险等有较清晰的认识和较强的预判能力,及其资产及负债情况。

准入后签约,确定对路的金融产品。经营性数据核查、贷后管理进入动态常态。

例如，某国际旅行社股份有限公司，主要从事美国、加拿大的线路批发，产品主要方向为高端定制，全国美洲线路批发的一个比较老的品牌，主要为国旅，同程，蚂蜂窝等平台提供产品，客户合作比较稳定，操作较为成熟，且线路设计比较合理，长期以来收到同业的好评，其旗下北京××因私出入境有限责任公司是一家从事美国加拿大因私出境的中介类型公司，主要为有此类需求的人提供出境签证业务，主要股东北京某公司主要是从事一些美洲贸易投资类项目，其主要控制人之前为某国旅分部经理，也主要从事美洲业务的批发，后联合朋友创建了该旅行社，后发展美洲相关的业务。此三家公司业务经营正常，而且公司业务都有交集，发展比较密切，等分公司成立以后业务会有很大的增长，同时收入会大幅增加。目前随着业务的不断扩张，为了更好地收客源，所以在河南、河北、山东等十个地方开设了10家分社，收入有一定幅度增加。整体公司发展情况良好，老板的资源及口碑较好，信贷风险较低。

(3) 风险分析 (OTA)

以上是传统实体旅行社的风险管理的阐述，对于OTA的风控而言，目前仍是整个行业的痛点。

在线旅游金融产品还没有成功的模式可借鉴，因此，如何把控风险成了摆在在线旅游金融面前的难题。

以产品较为丰富的途牛为例，其金融服务已包含理财、消费金融、出境金融、保险、礼品卡、企业金融等多个方面，并在今年先后获得保理经纪、保险销售及基金销售三块金融服务牌照。

其实，此前途牛为中小供应商提供贷款服务的"牛业贷"就曾被业内质疑为"金融游戏"，被指是利用账期把供应商贷款反过来贷给供应商，不仅可获得一定的利润，还能捆绑供应商。

就金融消费板块中的"首付出发",早在2015年8月就已在老客户群体中先试水。两个多月的数据显示,目前用户已使用的最高授信额度为1.7万元,常规产品最低首付金额为200元。截至目前,该产品风控成绩优异,坏账率也为零。

易观智库的报告认为,未来互联网旅游金融市场将进入高速发展时期,并从打造服务闭环向构建资金闭环发展。与此同时,基于征信体系的风控机制构建将成为竞争重点。

从目前各OTA的尝试来看,对于风险的控制表现不错。截至目前,途牛"首付出发"坏账率为零。据去哪儿运营总监蔡昌茂透露,"拿去花"分期产品的机构坏账目前保持为零。

同程认为,用最专业的人来做专业的事,本身就是防控风险的最好办法,同程找了行业里的专业团队来做金融,从专业度上将产品风控做到极致。目前,同程已成立了专门的金服公司,并拿到商业保理牌照。

纯粹旅行服务的竞争激烈且盈利困难,涉足互联网金融,并结合旅行业务能够为用户提供更多的增值服务,可以提高用户黏性,使公司业务更加多元化,也有助于形成新的利润节点。短期内对盈利帮助不大,互联网金融的盈利需要具备大流量及强变现能力,并且互联网金融的营销成本非常高,大多数平台处于烧钱吸引客户阶段,盈利不是一朝一夕的事情。

在线旅游企业纷纷跨境涉足互联网金融业,但市场还有待进一步开发,短期实现盈利较难。金融利润率较高,且旅游金融产品存在较大的市场需求,潜在消费人群数量大,能够作为未来在线旅游的重要盈利点。基于旅游出行大数据的信用体系以及风控机制构建,将成为金融厂商的竞争重点。如图 5-5 所示。

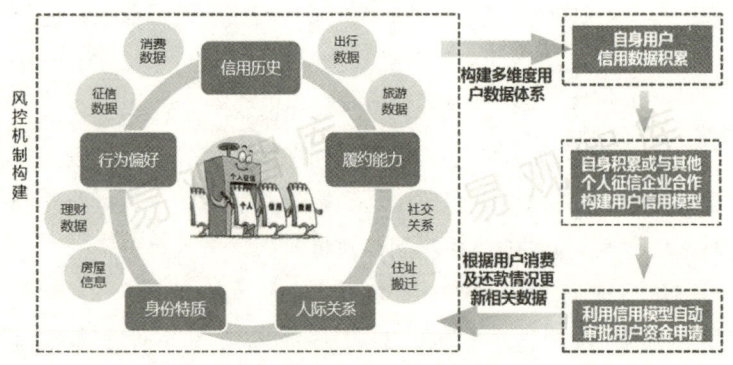

图 5-5　风控机制构建

(4)信用评分模型

信用评分模型是一种传统的旅游金融信用风险量化模型,利用可观察到的借款人特征变量计算出一个数值(得分)来代表债务人的旅游金融信用风险,并将借款人归类于不同的风险等级。对个人客户而言,可观察到的特征变量主要包括收入、资产、年龄、职业以及居住地等;对法人客户而言,包括现金流量、财务比率等。信用评分模型的关键在于特征变量的选择和各自权重的确定。

目前,应用最广泛的信用评分模型有线性概率模型(Linear Probability Model)、Logit 模型、Probit 模型和线性辨别模型(Linear Discriminant Model)。信用评分模型是商业银行分析借款人旅游金融信用风险的主要方法之一,但在使用过程中存在一些突出问题:

①信用评分模型是建立在对历史数据(而非当前市场数据)模拟的基础上,因此是一种向后看(Backward Looking)的

模型。由于历史数据更新速度比较慢,因此回归方程中各特征变量的权重在一定时间内保持不变,从而无法及时反映企业信用状况的变化。

②信用评分模型对借款人历史数据的要求相当高,商业银行需要相当长的时间才能建立起一个包括大多数企业历史数据的数据库。此外,对新兴企业而言,由于其成立时间不长,历史数据则更为有限,这使得信用评分模型的适用性和有效性受到影响。

③信用评分模型虽然可以给出客户旅游金融信用风险水平的分数,却无法提供客户违约概率的准确数值,而后者往往是旅游金融信用风险管理最为关注的。

(5)违约概率模型

违约概率模型分析属于现代旅游金融信用风险计量方法。与传统的专家判断法和信用评分模型相比,违约概率模型能够直接估计客户的违约概率,因此对历史数据的要求更高,需要商业银行建立一致的、明确的违约定义并且在此基础上积累至少五年的数据。毫无疑问,旅游金融信用风险量化模型的发展正在对传统的旅游金融信用风险管理模式产生革命性的影响。《巴塞尔新资本协议》明确规定,实施内部评级法的商业银行可采用模型估计违约概率。针对我国银行业的发展现状,商业银行将违约概率模型和传统的信用评分法、专家系统相结合、取长补短,有助于提高旅游金融信用风险评估/计量水平。

目前,旅游金融信用风险管理领域比较常用的违约概率模型包括 RiskCalc 模型、KMV 的 Credit Monitor 模型、KPMG 风险中性定价模型、死亡率模型等。

①RiskCalc 模型

RiskCalc 模型是在传统信用评分技术基础上发展起来的

一种适用于非上市公司的违约概率模型,其核心是通过严格的步骤从客户信息中选择出最能预测违约的一组变量,经过适当变换后运用 Logit/Probit 回归技术预测客户的违约概率。

②KMV 的 Credit Monitor 模型

KMV 的 Credit Monitor 模型是一种适用于上市公司的违约概率模型,其核心在于把企业与银行的借贷关系视为期权买卖关系,借贷关系中的信用险信息因此隐含在这种期权交易之中,从而通过应用期权定价理论求解出旅游金融信用风险溢价和相应的违约率,即预期违约频率(Expected Default Frequency,EDF)企业向银行借款相当于持有一个基于企业资产价值的看涨期权。

③KPMG 风险中性定价模型

风险中性定价理论的核心思想是假设金融市场中的每个参与者都是风险中立者,不论是高风险资产、低风险资产或无风险资产,只要资产的期望收益是相等的,市场参与者对其的接受态度就是一致的,这样的市场环境被称为风险中性范式。根据风险中性定价原理,无风险资产的预期收益与不同等级风险资产的预期收益是相等的,即 $P_1(1+K_1)+(1-P_1)\times(1+K_1)\times\theta=1+i_1$ 其中,P_1 为期限 1 年的风险资产的非违约概率,$(1-P_1)$ 即其违约概率;K_1 为风险资产的承诺利息;θ 为风险资产的回收率,等于"1-违约损失率";i_1 为期限 1 年的无风险资产的收益率。

案例分析:不同信用等级债务人的违约概率计算

假设商业银行对某企业客户的信用评级为 BBB 级,对其项目贷款的年利率为 10%。根据历史经验,同类评级的企业违约后,贷款回收率为 35%。若同期企业信用评级为 AAA 级的同类型企业项目贷款的年利率为 5%(可认为是无风险资产收益率),则根据 KPMG 风险中性定价模型,该信用评级为 BBB 级的企业客户在 1 年内的违约概率为:根据 $P \times (1+10\%) + (1-P) \times (1+10\%) \times 35\% = 1+5\%$,可得 $P = 93\%$,即该企业客户在 1 年内的违约概率为 7%。

④死亡率模型

死亡率模型是根据风险资产的历史违约数据,计算在未来一定持有期内不同信用等级的客户/债项的违约概率(即死亡率)。通常分为边际死亡率(Marginal Mortality Rate,MMR)和累计死亡率(Cumulated Mortality Rate,CMR)。

案例分析:债务人在不同期限的违约概率计算

根据历史数据分析可知,商业银行某信用等级的债务人在获得贷款后的第 1 年、第 2 年、第 3 年出现违约的概率(即边际死亡率)分别为 1%、2%、3%。则根据死亡率模型,该信用等级的债务人能够在 3 年到期后将本息全部归还的概率[贷款存活率(Survival Rate,SR)]为:$(1-1\%) \times (1-2\%) \times (1-3\%) = 94.1\%$。

上述结果也意味着该信用等级的债务人在 3 年期间可能出现违约的概率(即累计死亡率)为:$1-94.1\% = 5.9\%$。

(6)旅游金融风控的通用方法

①不要停留在看借贷记录,要全面了解用户履约能力。

借贷历史无法覆盖大量的长尾客户,特别是在线小额消费金融客户。只用借贷记录和抵押物,进行风险控制,意味着失去广阔的市场蓝海。互联网+征信,已经可以让没有信贷记录的人也有直观量化的信用评价了,购物、消费、水电气、公益等都能传递、反馈用户的信用状况。

②不要停留在人工审批,要依靠数据和技术实现自动化决策。

芝麻信用首席数据科学家俞吴杰曾表示,已经可以根据敲击键盘的速度和频率识别是不是用户本人操作。人工审批时间长、效率低,还有潜在的运营管理风险。技术实力强的公司可以自建风控模型,部署智能化风控管理,以技术的手段提高人工风控管理的效率。

③不能只关注贷前审查,要对客户生命周期进行全流程风控管理。

客户的风险在贷前、贷中、贷后是不断变化的,要通过技术的手段、有效的策略,实时地对客户信用状况进行动态监测,并及时响应。

④不要只想着导入新客户,要充分挖掘老客户的潜在价值。

每个新客户的获取成本比经营老客户高 N 倍。如何对老客户的信用进行更细致的画像,经营好老客户的同时吸引新客户是扎根固本之道。

⑤不要只关注命中风险名单的客户,要洞察所有申请用户背后可能的欺诈风险。

新形势下的金融欺诈层出不穷,形式多样;黑名单只是反欺诈手段的第一步,只能看到单个人的不良记录。好人后面也有可能是坏人在假冒,坏人也会有群体性特征。

⑥不要指望一劳永逸的风控策略,要在攻防中动态调整策略。

欺诈、反欺诈是永恒的话题,唯有不断地洞察风险客户的特征,持续优化风控策略,才能实现有效的控制风险。

⑦不要只看不良和逾期,要平衡风险和收益。

不要看到一点不良就难以忍受,不要看到短期的风险波动就情绪失控。只要收益能够覆盖风险,其实可以容忍更高的风险和不良。

⑧不要闭门造车作风控,要开放引入第三方征信机构。

第六章　旅游企业融资能力建设

一、旅游企业融资决策的内容和任务

旅游企业以何种方式筹集资金？从何处筹集资金？如何以最小的代价筹集到适当期限、适当额度的资金？如何规避旅游企业融资的风险？这些都是旅游企业融资应该解决的问题。

旅游企业融资决策通常包括以下几方面内容：
①旅游企业融资规模决策；
②旅游企业融资的具体融资方式和融资渠道决策；
③旅游企业融资的资本结构和融资方案决策。

旅游企业融资的主要任务是：
①旅游企业在资金短缺时，如何以最小的代价筹措到适当期限、适当额度的资金；
②通过资金的合理流动与运用，充分发挥资金的效益，扩大旅游企业的经营规模，从而促进经济的发展。

二、旅游企业融资决策的程序

旅游企业融资的决策程序是指进行旅游企业融资决策时一般要经过的阶段与步骤。旅游企业融资决策一般必须经过以下阶段。

(一)旅游企业融资的可行性研究阶段

这个阶段从旅游企业融资构想开始到粗线条的决策目标确定时为止,其主要目的是为确定决策目标提供依据,主要包括三方面内容:①旅游企业内部因素分析;②旅游企业目标分析;③旅游企业外部环境因素分析。旅游企业目标分析的内容主要是了解旅游企业所在行业的情况、旅游企业的类型、旅游企业的生产规模与特点、旅游企业的组织形式与再生产形式等,主要解决旅游企业融资的合理性与必要性问题。旅游企业内外部因素的分析实际上就是分析旅游企业的融资环境,主要解决旅游企业融资的可能性问题并为以后的决策提供依据。

(二)旅游企业融资的决策阶段

这一阶段从初始目标确立到具体融资方案选定时止,主要包括三方面内容。

1.确定融资需求,即确定投资方向、投资结构及融资数量

需要把上述对旅游企业目标的分析和对旅游企业内外部因素的分析综合起来,通过财务预测和财务规划,预测旅游企业需要的资金数量、需要时间、旅游企业可以提供的内部资金及外部融资需求量。

融资需求是财务预测的重要内容,财务预测是在对旅游企业过去的财务报表进行分析的基础上,结合宏观经济环境的变化、行业未来的发展前景,以及旅游企业未来的经济基础、经营战略和市场战略等诸多因素,来预测旅游企业未来的营业收入的增长及资金需求的情况。

2.融资需求的预测方法

(1)销售百分比法

销售百分比法也叫营业收入百分比法。通常来说,旅游企业的部分资产、负债与营业收入即销售额之间存在着一定的函

数关系,因此,销售额的预测是融资需求预测的基础,融资需求预测要以销售额预测为起点。销售额预测要分析旅游企业历史资料及当前的财务状况,依据未来的宏观发展、行业发展,特别是旅游企业的产品结构、市场结构的变化来预测。然后,根据历史资料和旅游企业未来的变化求出旅游企业各类资产、负债、所有者权益项目占销售额的百分比,然后依据这些百分比来预测资金的需求量。

测算出总的资金需求量后,扣除旅游企业内部的资金来源,即可求出需要从外部融资的数量。内部资金来源主要是留存收益和在经营过程中能自发增长的商业信用负债,如应付账款、应付票据等。

(2)投资趋势预测法

投资趋势预测法是根据旅游企业的发展趋势来分别预测项目投资额中各组成部分的变化及结果,投资需求就是融资需求。

投资趋势预测法主要有以下两种:

①逐项测算法:逐项测算投资组成部分的结果,然后加总。

②生产能力估算法:项目投资总额=同类旅游企业单位生产能力投资额×拟投项目生产能力。

(3)资本习性法

融资需求可以通过总成本的增加获得,可以分别预测旅游企业的固定成本增加额、变动成本增加额,然后加总获得新增资金的需求量。

3.分析确定融资方案

通过融资总需求量和外部融资量的测算,分析确定融资规模及组合决策。这一步主要是通过上述的测算与分析,收集必要的外部融资环境资料,具体拟订融资方案,确定融资的组合和规模。

4. 选择融资具体方法

将融资方案落实到各种具体方法上去。这是决策过程的最后一步。

(三)旅游企业融资实施阶段

这一阶段从确定融资规模、组合及具体方法到检查评估效果时止,一共包括三方面内容:

(1)融资计划的编制;

(2)融资计划的执行;

(3)实施效果的检查与评估。

这个阶段是整个融资方案的落实与实施阶段,是把目标变成现实的过程。如果说前两个阶段是融资方案的设计过程,那么这个阶段就是融资方案的执行过程。好的设计方案只有执行得好,才会有好的结果,所以对这个阶段必须重视。忽视了任何一个环节,都会导致整个融资失败。

三、旅游企业融资决策的原则

(一)收益与风险相匹配

旅游企业融资的目的是将所融资金投入旅游企业运营,最终获取经济效益,实现股东价值最大化。在每次融资之前,旅游企业往往会预测本次融资能够给旅游企业带来的最终收益,收益越大往往意味着旅游企业利润越多,因此,融资总收益最大似乎应该成为旅游企业融资的一大原则。然而,"天下没有免费的午餐",实际上在融资取得收益的同时,旅游企业也要承担相应的风险。对旅游企业而言,尽管融资风险是不确定的,可一旦发生,旅游企业就要承担百分之百的损失。

一般而言,收益与风险共存,收益越大往往意味着风险也越大。而风险的增加将会直接危及旅游企业的生存。因此,旅游企业必须在考虑收益的同时考虑风险。旅游企业的价值只有在收益和风险达到均衡时才能达到最大。旅游企业的资本总成本和旅游企业价值的确定都直接与现金流量、风险等因素相关联,因而两者应同时成为衡量融资决策的标准。

(二)融资规模要量力而行

确定旅游企业的融资规模,在旅游企业融资过程中非常重要。筹资过多,可能造成资金闲置浪费,增加融资成本;或者导致旅游企业负债过多,使其无法承受,偿还困难,增加经营风险。而旅游企业筹资不足,又会影响旅游企业投融资计划及其他业务的正常开展。因此,旅游企业在进行融资决策之初,要根据旅游企业对资金的需要、旅游企业自身的实际条件及融资的难易程度和成本情况,确定旅游企业合理的融资规模。

(三)降低融资成本

融资成本是指旅游企业实际承担的融资代价(或费用),具体包括两部分:融资费用和使用费用。融资费用是旅游企业在资金筹集过程中发生的各种费用,如向中介机构支付中介费;使用费用是指旅游企业因使用资金而向其提供者支付的报酬,如向股东支付的股息、红利,向债权人支付的利息。旅游企业资金的来源不同,则融资成本的构成也不同。

(四)融资期限要适宜

旅游企业融资按照旅游企业来划分,可分为短期融资和长期融资。究竟是选择短期融资还是长期融资,主要取决于融资的用途和融资成本等因素。

(五)保证旅游企业拥有控制权

旅游企业融资行为所导致的旅游企业不同的融资结构与

控制权之间存在紧密联系。融资结构具有明显的旅游企业治理功能,它不仅规定着旅游企业收入的分配,而且规定着旅游企业控制权的分配,直接影响着一个旅游企业的控制权争夺。比如在债券、股权比例既定的旅游企业里,一般情况下,股东或经理是旅游企业控制权的拥有者;在旅游企业面临清算、处于破产状态时,旅游企业控制权就转移到债权人手中。

旅游企业融资行为造成的这种控制权或所有权的变化不仅直接影响旅游企业生产经营的自主性、独立性,而且还会引起旅游企业利润分流,损害原有股东的利益,甚至可能会影响到旅游企业的近期效益与长远发展。

(六)把握最佳融资机会

所谓融资机会,是指由有利于旅游企业融资的一系列因素所构成的有力的融资环境和时机。旅游企业选择融资机会的过程,就是旅游企业寻求与旅游企业内部条件相适应的外部环境的过程。从旅游企业内部来讲,过早融资会造成资金闲置,而过晚融资又会造成投资机会的丧失。从旅游企业外部来讲,由于经济形势瞬息万变,这些变化又将直接影响旅游企业融资的难度和成本。因此,旅游企业若能抓住内外部变化提供的有利时机进行融资,会使旅游企业比较容易地获得成本较低的资金。一般来说,旅游企业必须充分发挥主动性,积极地寻求并及时把握住各种有利时机。

四、旅游企业融资的沟通与谈判

(一)准备工作

在谈判准备阶段,旅游企业应该首先对旅游企业的财务、人员、管理进行一番细致的整合、调查,全面掌握旅游企业有关这三方面的准确情况,并在此基础上准备一份逻辑缜密、数据翔实、能够体现旅游企业特色的商业计划书。

旅游企业包装不是作假,而是通过详细分析,评估本旅游企业拥有的核心能力,生产市场方面的优势、劣势,发展潜力,财务状况,把本旅游企业的内在价值充分挖掘出来,这就是通常我们所说的价值发现。同时借助外部资源,如邀请有行业专家、知名人士等加入项目组,成为顾问等。

有时旅游企业是为一个特定的项目进行融资,那么在这种情况下,向资金供给方提一份优秀的项目说明书就成为必需。

对于项目融资而言,旅游企业应首先让项目吸引人,要让投资方看到投资前景,并且风险较小的投资机会。因此,旅游企业一定要站在投资方的角度去编制项目说明书,突出项目特色。

(二)沟通与谈判

做好前期准备以后,旅游企业就要跟资金供给方联系。联系的方式有很多种,通过自己熟识的交际网络结识资金供给方是首选,因为通过这种平台,资金供给方和旅游企业能通过不同的渠道,对彼此或多或少有所了解,而且通过这种平台得到的信息能够很快被双方接受,这样无疑会缩短双方建立互信的时间,为旅游企业顺利融资打下良好的基础。

当旅游企业利用上述平台受限制并且自己又无法找到合适的资金供给方时,寻找合适的融资中介机构就成为一种合理的选择。中介机构手中一般都掌握大量资金供给信息,并且业务规范,不但能够在较短的时间内为旅游企业找到合适的资金供给方,还能提供额外的融资服务,甚至为旅游企业的生产经营提出合理化建议,没有可利用的资金供给资源又能够承担中介费用的旅游企业可以考虑这种接触途径。

第三种接触形式就是旅游企业直接与不熟识的资金供给方接触。由于资金供给方对旅游企业并不熟悉,也没有其他的中介机构为旅游企业提供咨询服务,因此所有的事情都要旅游企业自己与资金供给方进行协商,这无疑增添了旅游企业融资的难度和工作量。这类旅游企业尤其要注重谈判这个环节,因为缺乏事前的沟通和介绍以及中介机构的帮助,旅游企业就只能在这个环节向资金供给方展示旅游企业形象并说服其提供资金。

无论采用哪种方式与资金供给方进行接触,都要经历一个共同的过程,那就是与资金供给方面对面地谈判。谈判的过程实际上就是一个销售的过程,就是要把旅游企业的理念、整个管理团队和旅游企业的远景目标非常成功地销售出去。对资金供给方来说,它最快跟旅游企业建立信任,最快跟旅游企业产生共鸣,旅游企业也就最容易取得资金。

五、旅游企业融资能力的提升

旅游企业融资难的原因在于信息不对称、信用不高、竞争力不强等,因此,要提高融资能力,最根本的在于提升旅游企业的综合素质。

(一)改善经营管理,增强旅游企业竞争能力

旅游企业竞争力是指旅游企业能够保持持续增长,并有效抵御市场风险的能力。竞争力的提高意味着旅游企业利润的增加,内部融资能力的增强,偿债能力的提高,对股东回报的增加等,故而它是旅游企业融资能力的微观基础。

影响旅游企业竞争力的因素很多,大致可将其归结为旅游企业的产权结构和治理结构、旅游企业经营战略、旅游企业经营管理三个方面。

1.明晰产权,改善旅游企业治理结构

清晰明确的产权结构、完善的治理结构是保证旅游企业经营决策正确性和吸引外部投资者的前提条件。

2.创新经营战略,完善经营管理机制

实行制度化、规范化管理。要通过内外部环境分析和预测,制定科学可行的旅游企业发展目标和战略规划,建立健全旅游企业经营管理的各项规章制度,实行制度化、规范化管理,并不断提高决策和管理水平。

加强财务管理,提高偿债能力。包括建立和完善旅游企业的财务管理制度,确保会计资料真实完整;提高财务管理水平,加强财务控制;加强合同管理,杜绝违约、侵权及欺诈失信行为;保证产品质量、服务质量和资金运行质量;及时足额缴纳税款。

强化技术的开发与应用。建立旅游企业信息系统,提高旅游企业对市场、技术、产品的反应能力。

(二)强化融资意识,提高融资管理水平

1.夯实理论基础,构建融资知识体系

很多旅游企业由于自身金融知识的匮乏,无法有效利用国内外众多的金融渠道和品种繁多的金融工具,只能局限于现有的旅游企业内或区域内小环境中考虑融资工作。必须通过学习,构建融资知识体系,了解掌握更多的国内甚至国际大金融环境的发展趋势,在变化中抓住发展的机遇,顺势而为才能取得融资工作的长足发展。

2.学习相关金融法规,熟悉融资游戏规则

市场经济是法制经济,资金供给方和融资服务方的行为以及盈利模式都是在一定法规框架下运行的。在和这些机构打

交道的过程中,应该学会遵守这些规则,更好地利用这些规则为旅游企业服务。相关融资方面的法律法规大致可分为以下五大类:

(1)融资工具和融资渠道相关法规。具体包括:银行融资方面(如《中国人民银行法》《商业银行法》《贷款通则》《关于进一步改善对中小旅游企业金融服务的意见》《银行开展中小旅游企业贷款业务指导意见》等)、典当融资方面(如《典当行管理办法》)、租赁融资方面(如《金融租赁公司管理办法》)、政策性融资方面、资本运营方面的相关法律法规。

(2)担保相关法规。包括《担保法》《担保法若干问题的解释》《关于建立中小旅游企业信用担保体系试点的指导意见》等。

(3)融资服务相关法规。融资中介服务机构种类很多,主要受公司法或行业自律的规范,如《会计师事务所管理办法》、注册会计师协会颁布的各类会计准则、会计师事务所业务收费管理办法等。

(4)融资合同相关法规。常用的包括《合同法》《贷款通则》《典当行管理办法》《关于审理融资租赁合同纠纷案件若干问题的规定》《物权法》《担保法》《公司法》和各类旅游企业法中相关合同的规定。

(5)融资风险控制和处罚相关法规。包括《合同法》《票据法》《刑法》《关于金融诈骗案件协查管理办法》《银行卡业务管理办法》等。

上述法规还在不断被更新和完善,为此,旅游企业应通过各种方式和途径做好跟踪收集,如通过行业主管部门、专业融资中介服务机构或互联网等。

3.强化融资基础工作

融资基础涉及许多方面,其完善与否直接影响资金供给方的信心。

(1)融资主体的选择与重构

当有多个旅游企业可选择时,一般应选择符合下述条件的旅游企业作为融资主体:规模较大、营业期限较长、现金流量较大、符合政策支持、报表结构良好、知名度较高、与融资方联系紧密的旅游企业。当没有符合条件的旅游企业时,可考虑通过组建旅游企业集团、公司分立、与其他旅游企业合并等资本运营手段重构融资主体,以满足融资方要求。

(2)报表完善与重组技术

无论债权人还是股权投资者都对旅游企业的财务报表有严格要求。一般要根据会计师事务所的审计意见或资金供给方提出的意见进行完善与重组,还可以聘请融资顾问进行帮助。

(3)融资渠道资源储备与公关

在融资工作进行之前,要对融资渠道进行选择、了解和跟踪,并为了储备、维护融资渠道而进行公关活动。一般应将短期和长期、债权类和权益类、内部和外部资金渠道紧密结合,同时要统筹规划,树立互利共赢、长期合作意识。

(4)旅游企业融资机构和团队建设

随着旅游企业发展壮大,应建立健全各类组织机构,包括融资岗位、部门。

(5)资金、资产和资本管理技术

首先,借助信息化手段改进资金管理方式,加强融资危机管理。其次,强化中长期资金筹划,加强内部控制,并不断开拓融资渠道,弥补临时性资金不足。再次,重视资产管理,加强账务处理和税收筹划工作。最后,根据旅游企业总体目标和相关战略制定长期的资本运营目标,并借助融资中介服务机构进行资本运营。

4.加强信用文化建设,提升信用水平

现代经济是一种信用经济,信用关系的正常运行是保障本金回流和价值增值的基础。旅游企业融资难最根本的症结在于缺乏信用保证。重建信用文化是解决旅游企业融资的前提和基础。

旅游企业信用管理中的基本原则和方法:

第一,要善于约束自己的投资和扩张行为,要懂得"节制和约束自己的旅游企业家往往是最后的成功者"。

第二,投资以前进行认真的市场调查和分析,多考虑不利的市场竞争局面,认真分析自己的竞争实力。

第三,不要试图逃避债权人的监管,在多数情况下,特别是保障资金安全方面,债权人和旅游企业的利益是一致的,稳健经营的原则普遍适用于绝大多数旅游企业。

第四,不断提高自身的素质,充实自己的管理知识。许多旅游企业信用的失败是由于管理水平和素质太低。

第五,健全旅游企业财务制度,建立起与旅游企业法律地位相适应的财务制度和信用制度,提高旅游企业财务管理水平,增强财务信息的真实性。

第六,控制不同阶段的信用风险。在借贷前,注重运用信用评级工具,不能授信过量;贷款后,要制定合理的信贷偿还机制,有效控制偿付风险;到了贷款后期,应做好应付账款管理工作,保证及时偿付。

第七,加强财务管理。要充分注意财务管理的细节问题,不要把资金闲置在无息或低息账户上;及时清理应收款,建立切实可行的制度来处理呆坏账;迅速支付各种票据,以保持良好的信用,与债权人和顾客间保持紧密联系。

第六章 旅游企业融资能力建设

5.提供令资金供给方满意的融资安全保障措施

融资安全保障就是让资金供给方感到安全的一系列措施、机制的总和,它不仅包括法律保障,还包括信心保障和机制保障。

法律保障即通常理解的担保、抵押和质押等担保措施;机制保障是指保障资金安全的措施、制度安排和机制等,即通过流程、过程控制、管理、信息及时传递、控制融资方的行为、合同限制性条款、控股等方式来保障资金安全;信心保障则是让资金供给方感到放心和树立信心的措施总和,包括资料的准备与策划、经营团队的素质、现场管理水平、融资中介服务机构的协调等。

安全保障按融资类别可以分为债权类融资的保障措施和权益类融资的保障措施。

债权类融资的保障措施通常包括保证、抵押、质押、合同限制性条款等。

权益类融资的保障措施通常包括项目抵押、合同限制性条款、组建新公司、建立防火墙、控股、参与董事会及派出高管、资金使用过程控制、合资旅游企业全面预算管理等。

6.建立新型银企关系

旅游企业要顺利获得资金,还应积极与金融机构保持良好的公共关系,取得其信任。如经常与金融机构互访,定期提供财务报表等有关旅游企业资料,对信贷资金按用途使用、按时归还,对金融机构的有关活动予以密切配合等。

7.充分利用中介服务机构,提高融资效率

由于旅游企业专业金融知识有限,应特别重视利用外脑为其服务。随着金融创新的不断进行,只有借助专业化的中介机构,才能有效利用新的融资工具满足其融资需求。

(1) 融资中介服务机构的选择

按提供服务的效力,融资中介服务可分为法定服务和选择性服务。前者是旅游企业必须接受的服务,后者则由旅游企业根据需要自由选择。

考察融资服务中介机构的基本依据是:位置独立,能站在旅游企业的角度考虑问题,具有丰富的融资经验和专业水平,机构背景及服务人员品质良好,收费与其提供的服务价值一致,提供的服务符合旅游企业的实际情况等。

(2) 主要融资中介服务机构及选择利用

各类融资服务中介机构各有优缺点,旅游企业在融资中要对其进行选择与组合。

会计师事务所主要提供一些法定业务,如验资、审计、资产评估等,对其选择与利用要坚持业务优先、价位适度和相对固定三条原则。

律师事务所主要为旅游企业起草和把关各类融资、合作协议,还可协助旅游企业进行不良资产管理,在旅游企业改制、兼并、收购等过程中提供法律顾问意见,并可协助旅游企业对资金供给方的真伪进行辨别。对其选择要注重其业务经验,除了正确发挥常年法律顾问的作用之外,还应该根据不同融资需要,发挥不同律师的作用,并采取风险代理等各种方式。

融资财务顾问是专职为旅游企业融资提供信息、技术和团队支持的机构,如帮助撰写商业计划书、提供融资建议、协助引入投资者、进行融资诊断与评估、参与融资沟通与谈判、协助海外上市、提供融资培训等。具体包括证券公司、投资公司、投资管理公司、投资担保公司、投资顾问公司、管理顾问公司、商务咨询公司、培训公司等。旅游企业与融资顾问合作的方式有全面委托、部分业务外包和常年融资顾问三种。

信用评估机构通过自己的评估体系,对融资方的资信提供证明,使资金供给方在短时间内了解旅游企业的信用状况。随着信用体系建设的全面推开,将会有越来越多的投资者借助信用评估结果进行决策。为此,旅游企业应积极主动地开展信用评估,并选择那些具有较高公信力、可得到多数资金供给方和社会公众认可的机构,与之建立密切关系。

(三)案例:中小微旅游企业如何增信和信用标准化

中小微旅游企业融资难的根源,在于与金融机构的信息不对称,企业经营数据的不透明和不规范,无法说明和揭示出企业实际的经营状况,如何让金融机构快速方便地了解并掌握真实的企业经营情况显得尤为重要。为此,应当厘清家当,建立起系统、真实的经营与资产数据基础是基本前提,然后通过金融工具的使用建立起自己的区位优势和业务优势。

1.资产的分类

资产是指对过去的交易或事项形成的、由企业拥有或控制的、预期会给企业带来经济利益的资源。

具体来讲,企业从事生产经营活动必须具备一定的物质资源,如货币资金、厂房场地、机器设备、原材料等,这些都是企业从事生产经营的物质基础,都属于企业的资产。此外,像专利权、商标权等不具有实物形态,但却有助于生产经营活动进行的无形资产,以及企业对其他单位的投资等,也都属于资产。

资产是中小微旅游企业获取经营资金的前提,对自身资产的分类明晰化有助于指导自己获取经营资金的方向。中小微旅游企业资产可以分类如下:

(1)应收类

应收账款(经销商应收、平台供应商应收、直销客户账期结算等产生的应收账款);佣金;保证金。

(2)收益权类

机票;门票;酒店、民宿房费;房屋、写字楼、门面等的租金;大巴运营;固定资产租赁(设备类如索道、摩天轮……)。

(3)无形资产类

专利;商标;IP。

2.资产如何标准化

厘清家底,根据企业的实际情况将自身业务发展过程中新增和存量进行分类,资产分类完之后,资产标准化有利于金融机构了解和理解企业的实际运营情况,通过标准、真实的数据和建立起与金融机构的业务基础,做到真实诚信、明确清晰地让你的合作方了解你,资产如何标准化,其实就是厘清自己的资产,真实和完整地呈现企业的经营结果和信息,让其标准化。如何让小、散、乱的资产标准化,建议是通过销售合同、采购合同、财务数据集中化、销售数据数字化的规范和统一,以达到资产的标准化。

(1)销售合同标准化

合同的标准化,与上下游伙伴、客户等有真实的合同协议,协议中有明确的如下内容(忌口头协议)。

代理合同、代理范围、期限、佣金、处罚措施、结算方式。

(2)销售合同内容要求

利益保障;资金结算;期限;结算方式;保障条款;交割条件;采购合同(切位、包机、包房、大巴……)。

(3)销售数据数字化的要求(具备真实可追溯的效果)

报表格式、统一化;数据颗粒化——拆分到字段;可追溯(机票票号);可验证(第三方订单,如携程的交易订单);收入与支出结构化,可计算;可推测经营模式与经营状况。

(4)财务数据集中化的要求

不要用私户、个人户收款;不要用非实际控制人账户;可采用第三方支付账户体系处理(资金源与业务均可匹配);纳税证明清晰;各种费用、社保等记录清晰。

将自己的家底和业务模式真实清楚地整理好、系统化,并在日常运营过程中严格执行,建立完备的交易资金业务关系电子链路,就具备了信用标准化的基础。

3. 如何增加信用

资产分类,资产标准化是中小微旅游企业获取资金的内源性过程和助力,还需要借助外源性的多方面因素来构建和增信,这些外源性的因素可以涵盖以下几方面:

(1)依托客户增信的途径

依托核心平台增信(大型合作伙伴如携程、阿里、京东等);依托核心企业增信(直销类:如上市公司、跨国500强等);依托行业通用系统和公认的第三方数据处理平台进行业务处理的,有了如上客户的应收后,购买信用保险或履约责任险。

(2)依托监管增信的要求

保证金(大型合作伙伴如携程、阿里、京东等);预收、预付(直销类,如上市公司、世界500强等);牌照。

(3)依托股东增信的要素

知名投资人;实际控制人信用;管理者信用;相关保证增信。

(4)依托资产处理平台增信的途径

与大型经销商联合增信;与行业细分平台联合增信。

(5)依托第三方机构增信的途径

评级公司(邓白氏、百融、金电联行类);依托行业协会增信;当地知名机构增信。

资产分类,按照上述方法完成数据和资产标准化后,依托上述方法完成增信,则可完成信用标准化,为下一步的获取资金构建和夯实基础。

建立了自己真实可行的数据和业务链条,让金融机构可以清晰快速方便地了解公司的经营和实际情况,然后通过合作方等的增信,外延和扩展自己的信用等级,则可实现信用的标准化。

4.信用标准化

信用标准化在如何增信的基础上是进一步完善的步骤,是中小微旅游企业获取资金的重要行业规范性的体现,信用标准化的步骤和做法有"三保",通过保险公司的信用险、履约险等强化信用,体现如下:

(1)保险公司的增信内容:信用险;履约险;保证险。

(2)担保公司:通过担保公司的担保强化信用(担保公司需要银行等传统机构准入的担保公司,以期达到担保的有效性和权威性)。

(3)保理公司:通过保理公司将资产证券化。

总体而言,厘清家底,练好内功,加强日常管理,建立起完整的、可验证的和可追溯的能真实反映企业经营真实情况的资产清单和业务台账记录,通过与各协作合作方的增信,强化自己信用水平,标准化企业的资产,通过与担保保险等机构的标准化服务,实现从凌乱到有序真实,通过经营建立起企业的信用长河,通过信用获取机构的资金支持,进而发展壮大。

六、旅游企业融资风险管理

旅游企业融资风险是指旅游企业因融入资金而产生的丧

失偿债能力的可能性和旅游企业利润（股东收益）的可变性。在市场瞬息万变的经济条件下，任何不利于旅游企业的情况发生，都会使筹集的资金使用效益降低，从而产生融资风险。

旅游企业承担的融资风险因负债方式、期限及资金使用方式等不同，所面临的偿债压力也有所不同。因此，融资决策除规划资金需要数量，并以合适的方式筹措到所需资金以外，还必须正确权衡不同筹资方式下的风险程度，并提出规避和防范风险的措施。

（一）融资风险管理的原则

1. 规模适度原则

旅游企业的融资活动，首先应根据旅游企业或项目对资金的需求，预先确定资金的需要量。在确定资金的需要量时，要坚持规模适度原则，使融资量与需要量相互平衡，防止融资不足而影响生产经营活动的正常开展，同时也要避免融资过剩而降低资金的使用效益。

2. 结构合理原则

旅游企业在融资时，应尽量使旅游企业的权益资本与负债资本保持合理的结构关系。一方面，要防止负债过多而增大财务风险，增加偿债压力；另一方面，要利用负债经营，充分地发挥权益资本的使用效益。

3. 成本节约原则

旅游企业在融资行为中，要认真地选择融资来源和方式，根据不同融资渠道与融资方式的难易程度、资本成本等，综合考虑，使得旅游企业的融资成本降低，直接提高融资效益。

4. 时机得当原则

旅游企业在融资过程中，必须按照融资机会和投资机会来把握融资时机,确定合理的融资计划与融资时机,以避免因取得资金过早而造成投资前的闲置,或者取得资金相对滞后而影响投资时机。融资时机是否恰当,也直接影响融资成本。

(二)旅游企业规避融资风险的方法

旅游企业常见的规避风险的方法不外乎三种:风险回避、损失控制及风险转嫁。融资风险的规避也主要采用这些方法。但融资风险与其他风险相比较,有其特殊性,因而在具体采用这些措施时,也要注意结合旅游企业融资的特点而定。

1.融资风险的回避方法

旅游企业融资活动中的风险回避方法,主要是指在各种可供选择的筹资方案中进行风险分析,选择风险小的筹资方案,设法回避一些风险较大而且很难把握的融资活动。同时,通过实施必要的债务互换,采用利率互换、货币互换等方法来预防因利率、汇率变动给旅游企业筹资造成的风险。

风险回避是风险控制最彻底的方式,采取有效的风险回避措施能够在风险事件发生之前完全消除某一特定风险来避免损失。

2.融资风险的损失控制方法

就旅游企业融资来看,要合理地进行融资风险的控制,需要采取多元化的融资政策,合理安排负债比例与结构,实现风险分散化,降低整体筹资方案的风险程度。这是控制融资风险的关键。这里要强调的是,尽管债务资金越多,旅游企业筹资风险越大,但那种为避免风险而拒绝举债的做法也是不恰当的,这会失去财务杠杆利益。反之,为获得财务杠杆利益而盲目举债也是不可取的,这无形中增大了融资风险。因此,旅游企业必须合理安排资金结构,适度举债。同时,为防止旅游企业因经营行为不当导致资不抵债,旅游企业应设法实现投资多元化,多生产经营一些利润率独立或不完全相关的商品,使高利和低利项目、旺季和淡季、畅销商品和滞销商品在时间上、数量上能够相互补充或抵消,以弥补因某一方面的损失给公司整体经营带来的风险。

3.融资风险的转嫁方法

风险转嫁是指旅游企业将自己不能承担的或不愿承担的及超过自身承担能力的风险损失,通过若干技术和经济手段转嫁给他人承担的一种措施。风险转嫁的目的是将可能由自己承担的风险损失转由其他人来承担。在旅游企业融资活动中主要通过保险、寻找借款担保人等方法将部分债务风险转嫁给他人。也可考虑在旅游企业因负债经营失败而陷入财务困境时,通过实施债务重组,将部分债券转换为股权,或通过其他旅游企业优质资产的注入,挽救旅游企业经营不利的局面,从而避免因资不抵债而导致的破产风险。

(三)融资风险的阶段性控制

1.事前控制的三个要点

首先,应做好旅游企业的财务预测与计划,做好各种预算工作。在对外部资金的选择上应从具体的投资项目出发,运用销售增长百分比法确定外部筹资需求。可以从以往的经验出发,确定外部资金需求规模;也可以进行财务报表分析,使各项数据直观准确,量化资金数额,由于这种方法比较复杂,需要有较高的分析技能,因而,应在筹资决策存在许多不确定因素的情况下运用。

准确的财务预算对于防范和规避旅游企业的筹资风险具有重要作用。旅游企业根据短期的生产经营活动和中长期的旅游企业发展规划,预测出自己对资金的需求,提前做好财务预算工作,安排旅游企业的融资计划,估计可能筹集的资金量。

同时旅游企业可以根据预测的筹资情况来确定资金是否能够满足旅游企业资金的需求,并以此安排旅游企业的生产经营活动,从而把旅游企业的生产经营和资金筹集有机地联系在一起,避免由于两者脱节造成旅游企业的资金周转困难,防范旅游企业的筹资风险。

在编制具体财务预算过程中,旅游企业可以依据行业特点和宏观经济运行情况,保持适当的负债比率,根据生产经营的需求确定资金需求总量,合理安排筹集资金的时间和数量,使筹资时间、资金的投放运用紧密衔接,及时调度,降低空闲资金占用额,提高资金收益率,避免由于资金不落实或无法偿还到期债务而引发的筹资风险。

其次,因地制宜地确定资本结构,合理安排主权资本与借入资本的比例,降低资本成本,也就是选择合适的筹资组合。

旅游企业在经营过程中,要根据行业特点和旅游企业自身情况,确定合理的资产负债结构。在旅游企业的资产负债结构上,保持适当的短期变现能力(如流动比率和速动比率)和长期偿债能力(如资产负债率和产权比率),可以提高旅游企业的市场竞争力,提高旅游企业抵抗筹资风险的能力。

改善旅游企业的资产负债结构,主要应该动态地监控资产负债率、流动比率、速动比率等反映旅游企业偿债能力的财务指标,确定最佳负债结构。在实际工作中,如何选择最优的资产负债结构,合理确定自有资金和借入资金的比例,是非常复杂和困难的。对一些生产经营好、产品适销对路、资金周转快的旅游企业,负债比率可以适当高些;对于经营不理想、产销不畅、资金周转缓慢的旅游企业,其负债比率应适当低些,否则就会使旅游企业在原来经营风险的基础上,又增加过多的筹资风险。

最后,旅游企业在选择负债筹资的方式中,对金融机构做出选择。应选择那些愿意承担风险,勇于开拓,肯为旅游企业分析潜在的财务问题,有着良好的服务,乐于为具有发展潜力的旅游企业发放贷款,在旅游企业有困难时帮助其渡过难关的金融机构。同时,要关注其专业化程度,选择那些拥有丰富专业化贷款经验的金融机构进行合作;保证所选金融机构的稳定性,使旅游企业的借款不至于中途发生变故。

2.事中控制重点强调资金的使用效率

在风险的事中控制中应重点强调资金的使用效率,增强旅游企业使用资金的责任感,只有这样才能从根本上降低筹资风险,提高收益,这是彻底摆脱债务负担的关键。

我国大部分旅游企业长期以来缺乏资金使用效率的意识,旅游企业应加强资金使用意识,把资金管理作为重点,确保投资效益,实现资金结构优化,减少旅游企业收不抵支的可能性和破产风险。要加强对流动资金的动态管理,主要包括:

(1)保持合理的现金储备,确保旅游企业的正常支付和意外所需

现金是旅游企业资产中流动性最强的资产,现金持有量过少而无法保证旅游企业的正常支出,旅游企业就会因资金短缺发生筹资风险;反之,旅游企业持有的现金越多,旅游企业的支付能力就越强。但是现金是收益能力和增值能力较低的资产,如果旅游企业持有过多的现金,必然失去了用这部分现金投资的机会,造成资金的机会成本过大,从而降低旅游企业资产的盈利能力和资产利润率。因此,旅游企业必须合理预测旅游企业经营过程中的现金需求和支付情况,确定合理的现金储备。

(2) 加强存货管理,提高存货周转率

存货是旅游企业流动资产中变现能力较弱的资产,如果存货在流动资产中比重过大,就会使速动比率很低,从而影响旅游企业的短期变现能力,因此要通过完善旅游企业的内部控制和生产经营流程,使旅游企业存货保持在一个合理的水平上。

(3) 加强应收账款的管理,加快货币资金回笼

应收账款是被债务人无偿占用的旅游企业资产。不能及时收回应收账款,不仅影响旅游企业的资金周转和使用效率,还可能造成旅游企业资产无法收回而形成坏账损失。因此,旅游企业应加强对应收账款的管理,通过建立稳定的信用政策、确定客户的资信等级、评估旅游企业的偿债能力、确定合理的应收账款比例、建立销售责任制等措施,积极组织催收,减少在应收账款方面的资金占用,加快货币资金回笼。

另外,在还款期限和额度的把握上,应尽可能地将还款期限推迟到最后,同时必须保持旅游企业良好的信誉,有时候无形的声誉往往更加重要。这样虽然没有现实的现金流入,但却获得了货币的时间价值,节省了一定的使用成本。保持适当的还款额度可以减少旅游企业资金使用风险,使旅游企业不至于因还款额度过大而承担较大的财务风险。

3. 事后控制主要强调对本次筹资过程的分析

事后控制主要在于对本次筹资过程的分析上,旅游企业筹集资金的目的是为了投资的需要,而投资又是为了获得利润。在一个整体的过程结束后,旅游企业必然要对本次筹资运作的全过程进行系统全面的分析。主要是分析旅游企业各种资金的使用效率和各种财务比率,重点应放在对财务报表的分析上。从一般意义上讲,回顾过去,总结经验,是为了开展今后的工作,旅游企业的筹资活动也不例外。

第六章 旅游企业融资能力建设

七、案例:旅游企业融资申请材料范本

(一)一般情况下旅游企业融资所需申请材料清单

序号	提交材料内容	说明
1	信用代码证	与最新工商登记信息一致
2	特殊行业经营许可证	旅行社经营资质证书
3	开户许可证	银行基本户开户许可证
4	公司章程等历史沿革材料	需能体现旅游企业自成立以来连续、完整的历史沿革情况
5	旅游企业及实际控制人信用报告	银行打印出征信报告
6	法定代表人、实际控制人(主要经营者)及所有股东身份证明文件	所有个人提交二代身份证(正反面)复印件
7	业务银行账户 n 个月的流水明细	
8	旅游企业现有经营场所自有权证或租赁协议	办公场所自有的提供房产权证,租用的提供租赁协议
9	上下游主要客户的合同	
10	实际控制人个人资产信息	
11	融资申请书	
12	融资旅游企业现有开户情况表	
13	融资旅游企业高管简历	
14	保理业务申请材料真实性承诺书	
15	法定代表人、实际控制人及财务负责人签字样本	

(二)一般情况下景区融资所需资料清单

资料类别	序号	资料名称
基础资料	1	营业执照(正副本)、组织机构代码证书(正副本)、税务登记证(正副本)
	2	特殊行业许可证资质等级证书、收费许可证明
	3	公司章程/产权结构
	4	法定代表人证明书,法定代表人身份证及简历及主要经营管理者工作履历
	5	项目可行性研究报告
	6	旅游企业资信评级资料,当月征信报告,实际控制人征信报告
财务资料	7	验资报告/旅游企业账户开立证明
	8	最近三年审计报告(最近三年财务报告)/最近三个月财务报表
	9	最近六个月主要银行对账单明细(旅游企业基本账户、或一般账户、或个人账户)
	10	旅游企业近三年度及近期的纳税申报表及纳税发票(所得税、综合纳税、增值税)
	11	固定资产、应收账款、应付账款,收入明细清单(包含门票,餐饮,住宿等)
	12	银行等金融机构借款情况

续表

资料类别	序号	资料名称
项目资料	13	拟作期限内的总收入（收入分类）
	14	销售渠道说明
	15	门票预收（押金）情况说明
	16	融资资金使用说明
	17	董事会同意决议或证明
其他资料	18	旅游企业的经营场所的房地产权证或房屋租赁合同，近三月基本日常开支说明
	19	法人及配偶、股东及其配偶的结婚证、身份证、户口本主页复印件

（三）融资申请书样例

申请日期：　　年　　月　　日　　　　单位：人民币/万元

一、旅游企业简介			
旅游企业名称：		特殊资质：	
主营业务及产品：		主营业务经营年限：	
有无固定资产（如车辆、设备）：	□有，种类：　；估值： □无	员工人数：	
实际经营地址：			
业务联系人及联系方式	姓名： 电话： E-mail：		

续表

财务联系人及联系方式	姓名： 电话： E-mail(重要项)：					
实际控制人情况	姓名		性别		婚姻状况	
	配偶姓名		配偶联系方式			
	紧急联系人		关系		联系方式	
	当前常住地址					
	现住宅产权性质	□自有	□租赁	产权人		

二、融资需求

需求额度		融资方式	
单笔用款天数		服务费率	

三、融资用途说明

本融资人对上述内容及全部融资资料的真实性负责,如有虚假,愿意承担一切法律后果。

法定代表人：　　　　　　　旅游企业名称：
(签名)　　　　　　　　　　(盖章)

(四)融资旅游企业现有开户情况表范本

旅游企业名称:

截止日期: 　年　月　日　　　　单位:人民币/万元

序号	开户行名称	账户类型	账号	存款余额	上年资金结算量	备注
1						
2						
3						
4						
5						
合计	—	—	—			—

注:"上年资金结算量"主要指该账户上年资金的流入量和流出量的合计。

旅游企业财务负责人(手签): 　　　旅游企业经办人(手签):

(五)融资旅游企业高管简历样本

旅游企业名称: 　　　　　截止日期: 　年　月　日

职务	姓名	身份证号	联系方式	学历	专业	简历
法定代表人*						
实际控制人*						
董事长(执行董事)						
总经理*						
副总经理						
财务负责人*						
市场总监						

注:1.若实际控制人与法定代表人为同一人,则在实际控制人后填姓名即可。每位高管均需附有效身份证复印件一张。

2.法定代表人、实际控制人、总经理及财务负责人为必填项。

3.需写明高管人员从参加工作至今的连贯简历。

旅游企业名称(盖章):

(六)业务申请材料真实性承诺书范本

致：

　　公司(融资旅游企业名称)提供给贵司用于申请××业务的所有材料是真实、合法、有效的。

特此承诺！

　　法定代表人(手签)：　　　　财务负责人(手签)：

　　　　　　　　　　　　　　旅游企业名称(公章)：
　　　　　　　　　　　　　　　　　年　月　日

(七)公司法定代表人、实际控制人及财务负责人签字范本

法定代表人姓名：
　　　日常手签：　　　　　　正楷手签：
实际控制人姓名：
　　　日常手签：　　　　　　正楷手签：
财务负责人姓名：
　　　日常手签：　　　　　　正楷手签：

　　　　　　　　　　　　　　公司(盖章)
　　　　　　　　　　　　　　　年　月　日

第七章 全球旅游金融典范
——美国运通

美国运通公司（American Express）是世界上最大的旅游服务及综合性财务、金融投资及信息处理公司。创立于1850年，总部设在美国纽约。在信用卡、旅行支票、旅游、财务计划及国际银行业占领先地位，是在反映美国经济的道琼斯工业指数30家公司中唯一的服务性公司，2016年美国运通公司在世界500强排行榜中公司排名第302位。

一、发展历程

表7-1 美国运通发展历程

1850—1900年	1910—1940年	1950—1970年	1980年至今
快递起家发行旅游支票	涉足旅游/银行业务	发行美国运通卡	整合剥离专注旅行/金融业务
1850年——美国运通创立之初为一家快递公司，银行是其早期最大稳定客户。之后开始缩小快递业务规模，专注快递金融产品	"一战"爆发——美国运通发生第二次巨大变革，开始逐步转变为旅行服务公司	1958年——美国运通推出签账卡，凭借其信誉及品牌知名度迅速抢占市场份额	1984年——并购IDS揭开了美国运通向金融服务公司转变的序幕

续表

1850—1900 年	1910—1940 年	1950—1970 年	1980 年至今
1882 年——美国运通开始发行自己的汇票业务并立即取得成功 1891 年——发明并发行运通旅行支票，在此之后的十年内每年销售额超过 600 万美元	1915 年——正式进入旅游业，旅行支票和汇兑辅助其旅游业务发展 1919 年——美国运通成立银行子公司，后演变为美国运通银行股份有限公司 "二战"结束——美国运通进入快速增长阶段，此时其核心业务依旧为旅行支票	20 世纪 70~80 年代——美国运通签账卡黄金时代，其商家折扣几乎高于 Visa 和 MasterCard 的 50% 80 年代末期——美国运通发行信用卡产品，以避免原有签账卡业务遭受冲击，进而补充完善其银行卡产品体系	1990 年——开始收购全球多家旅行服务机构，发展商旅管理业务 2005 年——其金融公司（原 IDS）剥离，成为现今 Ameriprise 金融公司，作为与美国运通并列的独立公司，专注于金融财务业务 2007 年——渣打银行收购美运通旗下银行业务
基于金融产品的高利润及自身便捷的物流网络资源，美国运通逐步由快递行业开始主动转向于金融行业	以"旅行支票"为核心，开始建立金融产品上下游产业链，挖掘商旅消费市场及潜在资本收益	继旅行支票市场遭受蚕食、信用卡市场受到威胁，美国运通相继推出签账卡及信用卡产品	经过后期的整合剥离，美国运通再次明确了其业务核心，专注于旅行及银行卡两大方面

第七章 全球旅游金融典范——美国运通

美国运通最初由运通银行、运通财务咨询公司、运通旅行服务公司组成。但伴随多元化发展,策略已慢慢发生改变,甚至剥离和出售相关资产(2005年美国运通公司将美国运通金融咨询公司从其上市母公司资产中剥离。2008年将其银行业务的一部分出售给英国渣打银行,从而退出私人银行业务。至此,美国运通的主要运营机构只剩下美国运通旅行服务公司)。

一系列的剥离重组是因为运通发现相比于出色的信用卡业务,其旗下的银行、共同基金、寿险、浮动年金等业务的表现平平。运通试图通过"瘦身"来实现更为专一化的定位。

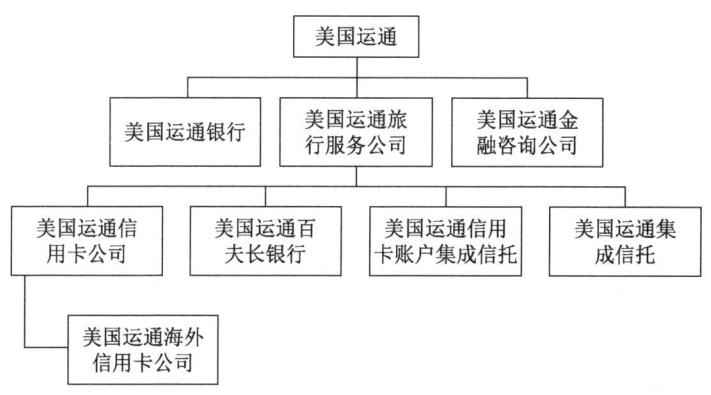

图7-1 美国运通剥离重组示意图

现今,美国运通作为一家"多元化的全球支付、网络及旅行服务公司",已不再是拥有银行、财务咨询的巨无霸集团,经过整合过后的运通,收入规模也并没有大起大落的迹象,呈稳健增长态势。

二、产品策略

(一)业务模式

表 7-2 业务模式

业务结构	渠道资源
旅行支票:可随时在全球各大银行、国际酒店、餐厅及其他消费场所兑换现金或直接使用,是在全世界被认可的、出国人员常用的支付凭证之一 签账卡:贷记卡性质,美国运通旗舰产品,持卡人要求及使用额度较高,需当期还清该期限内所有欠款 信用卡:贷记卡性质,相对签账卡产品其持卡人要求及使用额度较高,有循环额度,每个财务周期只还清最低还款额度 预付费卡:借记卡性质,先存款后消费,无法透支	官网主页:涵盖近100个业务受理地区,服务内容基本囊括了其下属的所有卡产品及旅游服务项目,以及积分兑换、账户管理等日常服务 支付端口:美国运通在美国各大电子商务网站均有支付端口,市场覆盖率达97%。除此之外,美国运通还积极拓展跨境支付业务,2011年已与财付通就此类业务开展合作 GNS系统平台:该系统连接了发行美国运通卡的第三方银行和其他金融机构,提供运营服务、授权认证、结算营销等功能。由于该系统运营成本及信贷风险均由合作银行承担,使美国运通在几乎不增加资产风险的情况下获取了更高收益

1.商旅客户

商旅服务主要基于美国运通各办事处网点,除辅助其金融产品的销售、兑换等业务外,主要针对个人及企业会员进行机票酒店预订、会展服务等商旅管理类业务。

2.线下资源

各旅游办事处:全球遍布全球130个国家,共有近2200间旅游办事处,提供包括美国运通金融产品及商旅等10余项相关服务。

3.收单商户

覆盖全球200多个国家的成千上万家包括航空、酒店、餐饮娱乐等多类机构。

(二)产品体系介绍

表7-3　产品体系介绍

金融产品	旅行服务	咨询及其他
签账卡区别于普通信用卡,无须预先设定会员的签账额度,可让客户轻松管理,同时享有美国运通全球一系列优惠服务等	为运通卡持卡人提供加盟商户服务,包括酒店、机票预订等	为公司费用管理和旅行管理提供解决方案和采购等支出的优化办法
信用卡以高端商务人士为主要客户群,使持卡人理财更灵活,享有众多与旅行服务和相关优惠积分服务	全世界通用的优质现金替代品旅行支票	为加盟商户提供市场分析和其他咨询服务,同时建立广泛的防欺诈系统
预付费卡以盈利为目的发行的、在发卡机构之外购买商品或服务、采取磁条或芯片等发行的储值卡	为旅行和相关租车、行李寄送等提供旅行保险服务	出版业务涉及旅行类的高档生活方式杂志
	通过加盟商户网络,为公司卡持有者提供丰富的会展类服务和优惠	电子商务帮助小型企业发布广告,开发手机在线支付系统等

(三)中国业务发展介绍

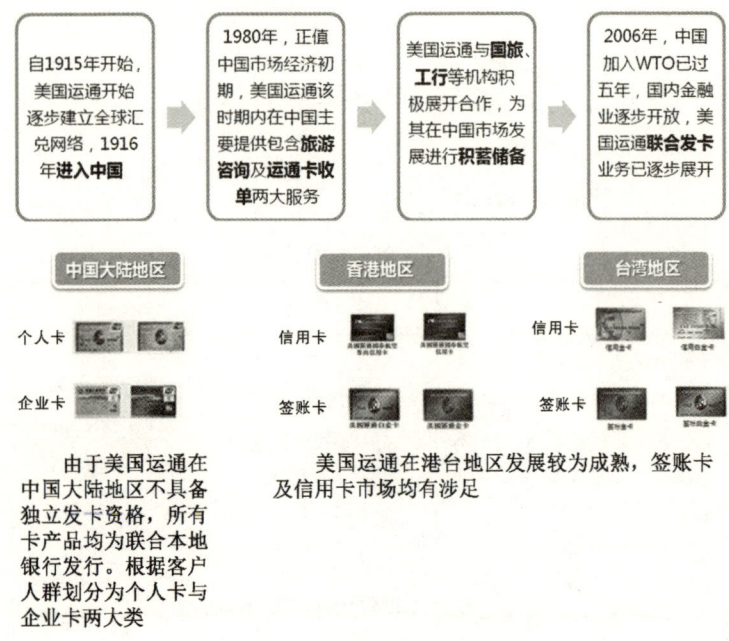

图 7-2 中国业务发展介绍

三、市场策略

(一)市场定位

美国运通围绕"以旅行+金融核心"业务模式,通过目标受众、产品组合、商户策略凸显自身的竞争优势,明确自身定位。

1. 目标受众

通过对自身发展的考虑及外部经验借鉴,美国运通确认将高端客户设定为主要目标客户群。

2. 产品策略

通过对产品发行及服务体系的设计,充分满足高端人群的需求,针对市场细分推出差异化的产品,使美国运通形成丰富的产品体系。

3.商户策略

美国运通在全球范围内通过精心挑选优质的合作伙伴为高端客户提供高品质的服务。

美国运通通过高端市场定位,以较少的发卡量取得了较高的市场地位。通过对消费者消费行为的分析,为合作伙伴提供消费者细分等分析数据,其分析结果成为其市场定位及未来规划的重要依据。

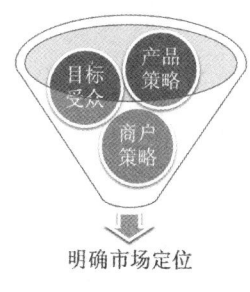

图 7-3 市场定位

(二)人群细分

美国运通虽一直明确高端商旅者为核心客户,但伴随市场竞争日益激烈,美国运通决定积极拓展中低端客户,有针对性地进行人群细分及客户拓展,以保存其市场份额平衡。

1.高端客户

主要客户群为高级的、事业有成的商家和旅行者。

由于高端客户的消费对象价格弹性较高,所以商家愿意在折扣率较高的情况下接受运通卡。在亚太地区,其持卡人的平均消费额比其他信用卡持卡人高出49%。

为满足客户需求,美国运通以多商户折扣、积分为吸引力,抓住个人消费者喜爱折扣、积分的消费习惯。

2.中低端客户

针对不同层次客户推出中低端产品,如打折卡、低利卡、免费卡、学生卡等。

以大众客户为目标客户群,帮助其进行日常现金管理。以折扣、积分为吸引力,满足大众客户在日常消费中经济性的需求。

3.人群定位分析

美国运通一直将高端客户视为最优先市场拓展群体。但随着行业激烈竞争所带来的冲击,使得美国运通必须选择纳入更广泛的消费群体。

为了解决这一问题,美国运通针对中低端市场采取了子品牌拓展计划,对中低端客户推出相应产品和服务,使其保持平衡发展,维护并扩大其市场份额。

(三)市场拓展策略

伴随市场激烈竞争,美国运通通过线下、线上的方式,全面开展营销活动,以创新性的营销策略吸引客户,以达到市场拓展的目的。

1.传统营销

(1)通过传统媒介进行宣传推广。

(2)通过公益营销活动提高社会效益并拉近客户关系。

2.新型营销

(1)借助互联网互动能力,制定新形势推广模式。

(2)基于客户信息的有序管理和分析,运用数据营销技术制定营销策略,提高了销售的准确性和效率。

3.全方位营销

突破传统模式,整合企业的全面关系网络,建立多层次的、立体的营销策略,以扩大其传播途径。

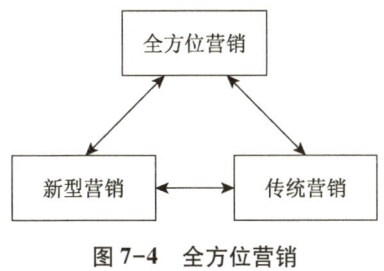

图 7-4 全方位营销

四、核心发展战略

(一)收入及盈利模式分析

商户返佣为主,刷卡年费、商旅手续费为辅,多种盈利途径并存。

伴随美国运通的发展,形成了以"旅行+金融"为主要形式,信用卡、签账卡、旅行支票等为主要产品的结构体系,进而发展成为以刷卡年费、商旅手续费为辅,多种盈利途径并存的盈利模式。

以高端商旅客户为市场定位。

美国运通在发展初期即确立了为高端商旅人群提供多样化商旅服务和便捷支付服务的市场定位。因此,美国运通在获得较少持卡人用户的同时获得较多的持卡消费额度,以"客户优质"为亮点在整个银行卡行业中凸显出来,同时该优势也保障了美国运通低于业界的"坏账风险",大大降低了"死卡率"。

美国运通以"以旅行+金融"为核心的盈利模式摆脱了传统信用卡银行的资本密集模式。通过经营模式的创新,非利差业务等,加速了资产的周转,减少了资金的占用,提升了公司实际控制盈利资产的回报率。其强大的支付受理系统和高素质的持卡人使得美国运通可以向商户收取高于行业平均水平的回佣,从而在经营模式的较量中更胜一筹。

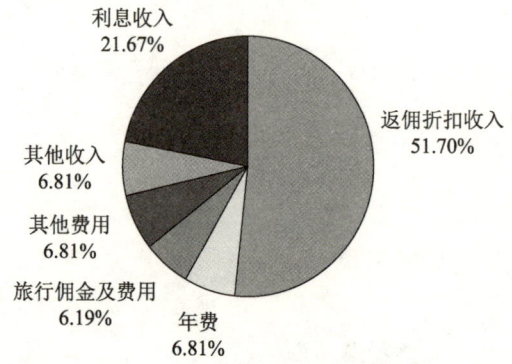

图 7-5　美国运通主要收入来源

(二)市场营销策略

品牌形象塑造	行业市场细分	全球化市场战略	整合媒体营销	客户价值主张
• 美国运通的品牌对于客户来说意味着服务安全及质量的保证。通过与一系列知名品牌的合作或者创意活动,在打造其高端品牌形象的同时也提高了运通卡会员对美国运通品牌的黏合度。正是由于这种品牌战略,在坚定品牌管理核心标准的前提下,对主要产品在内的品牌结构进行着细的调整,使运通卡成为世界上最受尊崇的品牌之一	• 美国运通采用灵活的交叉销售策略和行业市场策略,迅速抢占游客以及公司商旅管理的信用卡市场,并与全球旅行服务产品供应商建立合作关系。不断的扩充运通公司卡客户数量,将商旅管理服务与信用卡消费紧密结合在一起,成为世界上最大的旅行服务公司、世界第三大发卡机构以及单卡消费额最高的发卡机构	• 美国运通从很早就开始关注全球化战略。美国运通与众多金融机构建立了合作关系,这种合作为美国运通在几乎未增加任何资产风险的情况下获取了更高的收益,以最低的风险承受换取了最大限度的收益增长,不仅提高了运通的资金回报率,而且也使美国运通能够在更低的资本充足率下安全运营	• 美国运通利用社会化媒体营销使品牌建立、客户沟通等许多方面发挥明显的积极影响,使其成为一个重要的资产,提供了一个全球性的、可供搜索的、全天24小时,并且有着巨大的影响力的发布平台。同时,美国运通利用当下热门的社会化网络,为其市场营销战略注入了新鲜的社会化媒体的血液,并实现了整合营销的效果	• 美国运通为客户提供独特的价值,采取差别战略,高定价、高投入、杰出服务,树立起一个为高端人士服务的形象。目前,已在全球建立了约四五千人的大规模客户服务中心,每周7天24小时为持卡人提供有针对性地为持卡人提供私人化的服务。正是这种对持卡人服务的强调,使得运通卡已从一种纯粹的支付工具上升为某种服务模式或客户消费偏好的象征

随着市场形势及客户需求的不断变化,美国运通对市场目标和营销策略的要求也越来越高。为了适应这些变化,美国运通不单在产品上不断扩展,在营销理念、品牌推广等方面也在不断创新

图 7-6　市场营销策略

（三）风险管控能力

美国运通之所以能在各类危机事件中规避风险，与它拥有的一套完善的风险管理体系有很大关系。

独特的风险管理体系	恰到好处的保守盈利模式	相关流动性资本计划
• 与公司的全球领导团队共同对公司董事会的风险管理工作进行监督。运通公司在公司管理层设有风险管理部门，该部门经理与其他各个部门的经理根据可以预测的结果，利用标准化的风险衡量方法，共同对风险收益作出决定。同时，风险管理部门经理拥有独立的对风险的进行衡量以及报送权，同时其高端的企业与企业员工也保证提供了其良好信用的基础	• 美国运通不通过一味低廉的信用卡年费政策和商户手续费政策来扩大其发卡规模，严格审查每位申请者，从而保持其高端形象。运通公司采取"旅游+金融"的发展模式，其卡会员的信贷利息收入占比很少，主要收入来源来自商户的手续费。因此其资产负债率波动较小，资产性质表现良好	• "相关流动性资本计划"旨在保护运通公司在资本市场无法获取无担保贷款的情况下依然能维持其12个月的日常经营运作。其融资渠道包括流动性投资组合、伙伴银行、公司间信贷、信用卡会员贷款和应收账款证券化融资。同时，美国运通公司还通过股票回购计划以及其美费用延迟支付的方法来降低每年对运营现金流的要求。美国运通为危机做出设想，当最坏的危机来临时，美国运通可以在危机开始的60天内，通过各种融资渠道得到250亿美元的资金保持其正常运营。由国际汇率变动造成的交易风险，运通公司主要通过与相关方达成协议，以某个时间点或者提前协商的基准结算

图7-7　风险管控能力示意图

运通公司的风险管理有三大原则
- 独立的风险监管体系
- 通过风险限制来管理风险敞口
- 对关于风险收益的有关决定有最终决定权

（四）领先系统平台

美国运通作为全球最大的独立发卡机构，拥有最大的闭环网络系统Closed Loop Network，但受运营成本、产品研发等因素限制，美国运通在1996年开始采取向第三方发卡机构推行开放性特约商户网络以及银行卡产品战略——环球网络服务部（GNS），利用运通网络带动合作伙伴的业务增长，强化竞争优势，增加边际利润，进一步拓宽其国际网络。

Closed Loop Network是一个封闭的环形网络，主要应用于独立发卡业务的运营，是世界最大的独立发卡机构并拥有最大的自成系统的特约商户网络。其可通过美国运通卡会员及美国运通商户的全方位数据网络可得到内部独有的会员消费数据,从而可对会员及其消费习惯并进行相关数据分析。

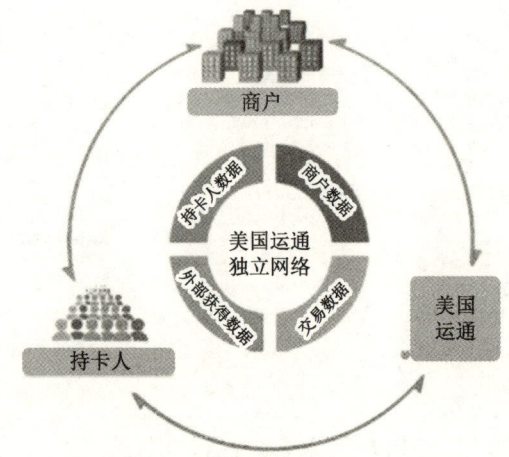

图 7-8　独立网络 Closed-Loop Network

GNS(全球网络服务)主要服务于在该系统网络内发行美国运通卡的第三方银行和其他金融,其还包含了(Global Merchant Services,GMS)来负责全球商务服务。

Closed Loop Network 是美国运通独有的封闭的环形网络,主要应用于运通公司独立发卡业务的运营。负责卡类产品的开发、服务供给,同时承担卡类产品的营销费用、信贷风险,等等。

由于 Closed Loop Network 运营成本高、市场扩展速度慢等因素,美国运通开始开展(Global Network Services,GNS)战略,主要对第三方金融和发卡机构开放网络和平台。其功能包括运营、服务、授权、认证、结算、市场营销、品牌推广、新产品的开发以及全球合作伙伴的关系维护。

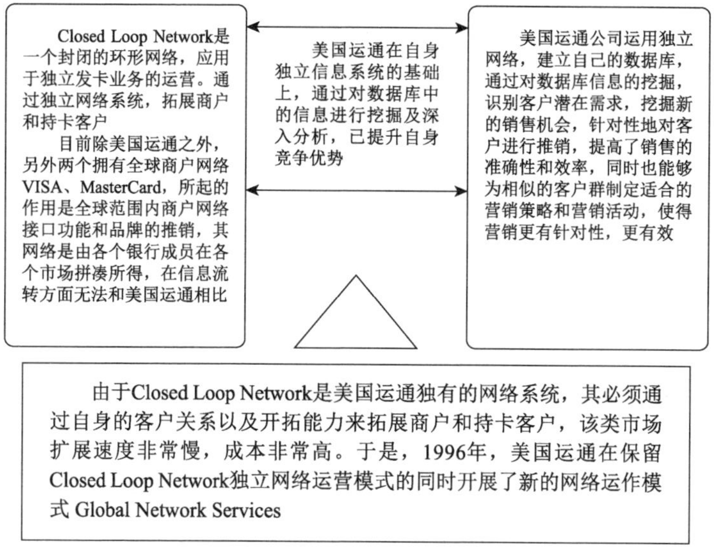

第七章 | 全球旅游金融典范——美国运通

> Closed Loop Network 是一个封闭的环形网络，应用于独立发卡业务的运营。通过独立网络系统，拓展商户和持卡客户
>
> 目前除美国运通之外，另外两个拥有全球商户网络 VISA、MasterCard，所起的作用是全球范围内商户网络接口功能和品牌的推销，其网络是由各个银行成员在各个市场拼凑所得，在信息流转方面无法和美国运通相比

美国运通在自身独立信息系统的基础上，通过对数据库中的信息进行挖掘及深入分析，已提升自身竞争优势

> 美国运通公司运用独立网络，建立自己的数据库，通过对数据库信息的挖掘，识别客户潜在需求，挖掘新的销售机会，针对性地对客户进行推销，提高了销售的准确性和效率，同时也能够为相似的客户群制定适合的营销策略和营销活动，使得营销更有针对性，更有效

> 由于 Closed Loop Network 是美国运通独有的网络系统，其必须通过自身的客户关系以及开拓能力来拓展商户和持卡客户，该类市场扩展速度非常慢，成本非常高。于是，1996年，美国运通在保留 Closed Loop Network 独立网络运营模式的同时开展了新的网络运作模式 Global Network Services

图 7-9 Closed Loop Network

由于 GNS 的合作机构几乎承担了所有的运营成本、信贷风险，使得美国运通在几乎不增加资产风险的情况下获取了更高的收益，以最低的风险承受换取了最大限度的收益增长。

与美国运通私有信用卡业务相比，GNS 的运营资本收益率较高。在 GNS 模式下的运营资本回报率均保持在 60% 左右，明显高于私有卡业务，在提高资产回报率的同时，使美国运通能够在较低的成本情况下安全运营。

（五）核心战略竞争力

美国运通成功的因素在于，其通过盈利模式、业务拓展、网络技术及服务管理几个成功因素相互支撑，形成核心竞争力。在增加收入，降低成本的基础上，提高盈利能力，扩大市场份额。

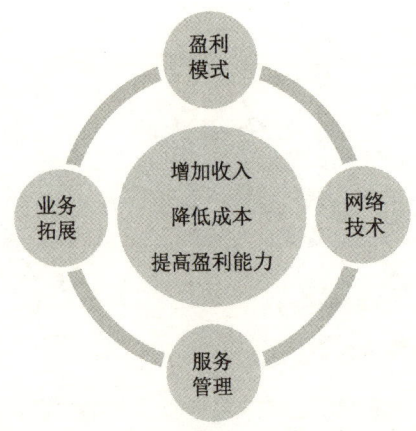

图 7-10　美国运通核心战略竞争力示意图

美国运通在业务运营、品牌策略、资源渠道和推广营销四个方面梳理的基础上，通过核心因素相互支撑，坚持以"旅行+金融"为核心，有效掌控其市场与市场有关的经营活动。

（1）基于多年运行所积累下来的庞大的商户资源、高素质的持卡人群和强大的支付受理系统。通过对高端客户购买力的掌控，向合作商户收取高于行业平均水平的高额回佣。

（2）利用先进的网络技术支持集中运营模式下的高质量客户服务，以电子化的方式处理交易。

（3）高质量服务管理为维护客户、拓展业务打下基础，以持续提高服务质量。

（4）美国运通将返点收益的轻资产模式应用到更多产品线上，有效促进业务的拓展。

美国运通通过先进的网络技术支持集中运营模式下的高质量客户服务，又通过高质量的客户服务管理作为业务拓展的基础。而重视的业务受众群又是以企业员工为主的高质量人群，各个成功要素之间相互支持的联系使得其降低运营成本，提高盈利能力。

附录 《首席财务官》杂志专访
——溢美金融 CEO 马洪亮

作为溢美金融的 CEO,马洪亮指出,2016 年溢美金融对战略、模式和业务进行了升级。将此前仅面向企业客户的商旅资源、管理经验和服务体系,开放向用户,进军 C 端市场。就此话题,《首席财务官》杂志记者对溢美金融 CEO——马洪亮进行了专访,以下是专访内容。

溢美三步走:差旅产业链、消费结构、旅游金融生态圈

"2001—2009 年,我在深圳航空公司负责大客户销售。2009—2011 年,在易宝支付负责公司战略。创办溢美,是我结合这两份工作对传统差旅服务做的一次尝试。"溢美金融创始人 CEO 马洪亮这样告诉我们。

- 2011 年 8 月,溢美金融成立。
- 2012 年,溢美金融获得险峰华兴的天使投资。
- 2013 年和 2014 年分别获擎信资本和 UMC(联电资本)千万级美元投资。
- 2015 年,溢美金融再次获得 UMC(联电资本)和多位老东家千万级别追加。

通过五年的市场布局,溢美金融已经在 B 端市场,占据了一席之地。2016 年,溢美金融对战略、模式和业务进行了升级。将此前仅面向企业客户的商旅资源、管理经验和服务体系,开放向用户,进军 C 端市场。在马洪亮看来,金融重塑传

统产业的时机到了："通过金融的力量,改变消费结构,让大家获取美好生活的信心。"

第一步:商旅管理平台

企业商旅管理和传统跟团游不一样,无论是出行、餐饮、住宿,企业对目的地有大量个性化的需求。比如,楼底吃饭有没有打折,跟附近酒店有没有签约。再比如说,从北京到深圳,大家都喜欢选择中午的航班,但这一天就干不了什么事情。算一算人工成本,对企业的影响非常大。如果有了时间控制,员工选择九点前的航班,到深圳后下午还可以办事。而且早上航班的折扣率也高。这个问题就需要出现一个平台,把能够提供个性化服务的厂商都集中到平台上。

溢美的第一个业务是通过改变传统商旅出行结构,对企业员工的商旅行为进行控制。"我们做了整整一年半的企业商旅管理产品才面向市场。"在马洪亮看来,传统商务旅游分散,员工出差通过OTA订票,如果不加以控制,会给企业造成很大的负担。同时,在差旅管理平台之上,溢美金融配套了企业差旅月结资金垫付的授信产品,在整个出行过程中,员工都可以先消费,回来之后以公对公、私对私的方式进行结算。

目前,溢美已经为全国7万多家上市公司和准上市公司提供差旅管理服务,包括华谊兄弟、小米、聚美优品、赛迪顾问、立白、乐视网、智联招聘、光线传媒、创维等知名品牌,覆盖文化传媒、游戏、石油能源、快销、互联网等众多领域。这些企业的月采购量都达到了2800万元,数据显示,这是企业的差旅值得去投入成本管理的最低值。

另外,针对大多数中小企业员工的出行需求,溢美金融推

附录 | 《首席财务官》杂志专访——溢美金融 CEO 马洪亮

出另一款产品"身边惠"。身边惠能够为企业员工提供各种用车服务,根据消费者不同的时间段,会选择不同的供应商。最大程度上避免用户长时间等车或者用户叫不到车的情况。

马洪亮承诺,"在我们平台上,保证你能叫到车,可以满足一个基本需求。"

身边惠采取企业信用支付的方式,乘车人也无须索要发票,每个月公对公结算。一方面提高了员工用车便利度和办事效率,另一方面帮助企业简化了支付和报销的流程,为企业出行费用电子化一站式管理提供了极大的便利。"企业员工出行,不太喜欢给公司垫钱再报销,手续也会很麻烦。我们做的是信用类的,可以先消费后付钱,当然背后会有一系列的前置审批,比如员工出行晚上 11 点后可以报销,等等。月底拉账单的时候,因公消费还是因私消费,就能一目了然。"

2016 年,面对企业内部员工逐渐增加的多样化和个性化需求,身边惠从模式、功能及平台开放程度等方面进行升级,力图给企业员工带来全新的出行体验。重点推出"私车办公"和"申请私车"功能,力争让每个员工都能没有负担的开自己的车上下班。可以使企业内部资源实现共享化,并最大限度地激活企业内部的沉睡资源,真正做到企业成本降低,员工利益扩大。以"熟人资源共享""出行安全高效"作为发展重点,开启出行领域全新的"内共享模式"。

马洪亮总结到:"能不能给用户提供很好的产品和服务,这是我们最关心的。"

第二步:旅游产业链金融的开创者

在溢美成立之初,马洪亮就确立了 B2B 差旅+金融模式。

其核心是不通过差旅服务直接盈利,而是通过建立一个庞大的差旅生态圈,以金融服务实现盈利。马洪亮说:"现在我们有大量的合作伙伴,很多都有资金的需求。"于2014年,溢美顺势推出旅游金融产品,面向整个旅游产业链,为从业者提供金融服务。

目前,传统旅行社转型中的两大瓶颈:一是资金垫付瓶颈,随着服务企业差旅体量增大,若没大量资金支撑将无法进行业务拓展和服务转型;二是技术和服务支撑,无法提供与用户需求对接的专业差旅管理服务和高附加价值服务。

整个旅行领域正在发生很大的变化。原来的跟团游模式是旅行社提供一条固定线路,游客交押金后,垫付机票、酒店、餐饮等所需的部分费用。但是现在旅游业的交易结构和消费习惯发生很大改变,组团变得越来越难,旅行社需要提供更多特色化的新产品吸引消费者,但是产品越多,旅行社的资金压力越来越大。翻开他们的财务报表,会发现整个行业的盈利都非常困难,无法在银行融到资,民间借贷的又风险太高。现在亟须金融工具的创新,以帮助它们拿到很多的资源,组合更好的产品。

深入研究后,马洪亮发现这个行业的收入来自于收益权资产。"比如我们给旅行社提供大量的信用贷款,没有担保没有抵押。如果回不来,就让旅行社把空余的房间给我,通过我的商旅客户直接消耗掉,形成我的收益。"马洪亮说道,"整个旅游产业的从业者,不论大小,在未来收益权可控的情况下,溢美都会提供资金支持。少则十万二十万,多则五六千万。"

虽然移动化呈现出明显上升的趋势,但是替代传统旅行社的线下门店,还有很长的一段路要走。OTA一年的交易额不到4000亿元,整个旅游产业的规模接近4万亿,真正传统旅行社的规模体量远远大于线上旅行社。按照马洪亮的预计,在北京地区未来两三年线下门店还是主流,二三线城市则可能是五到十年。

旅游特别是出境游非常复杂,老百姓还是习惯找一个地方面对面了解。OTA单一的机票、酒店规模很大,但涉及旅游、度假,相对就比较偏弱。消费习惯和依赖性,不会因为APP而改变,传统旅行社扮演的旅行顾问的角色,对消费者影响很大。越标准化的东西越容易在网上订。

马洪亮认为,随着自由行的程度越来越高,未来,旅行社也可能变成一个管理平台,协调各种资源,批量产生个性化的旅游产品。我们喜欢创新型的旅行社,像云南的民宿、三亚落地成团的旅行社、短租公寓,等等,我们会提供大量资金类的支持。马洪亮说:"每一步创新都需要钱,我们就做好底层运营的平台。同时,他认为旅游金融市场需要做到产融结合,让产业链形成全套的金融解决方案,并不是只给企业提供资金,而是要告诉他们如何利用资金,如何更好地吸引客户。"

为了打开市场,溢美金融充分发挥其自身的优势,与银行推出合作产品,实现自有资金结合银行资金,做到无须抵押、3天审批放款、随借随还、授信额度高、服务费率低等便捷、高效的服务。产品上陆续推出了小额旅易贷和旅行社授信、景区收益权融资、民宿客栈收益权融资、旅游用车融资、票代差旅垫付、OTA供应商F+1垫资等标准化、多样化的金融服务产品。因为其便捷、安全、稳定、风险可控,打动了不少急需资金的中小旅游企业的心,从最开始的几十家到几百家……到2016年年底,溢美金融在整个旅游从业体系客户超过1000家,累积放款达300亿元,单月放款额约为10亿元。

同时,溢美金融结合旅游企业的产品、服务、特性等进行梳理和优化,继而设计出一套有针对性的旅游金融服务方案,最后通过风控及行业标准提供适合的旅游金融服务,企业也可按照不同的旅游产品设定不同的费率标准,也可按自身资金情况选择相应的金融产品。制定出旅游金融行业标准,构建一个完善的旅游金融生态圈,使旅游产业链金融实现了真正意义上的"闭环",充分释放出旅游金融的价值。能够帮助中小旅游企业解决产业、服务、资金层面的问题,形成局部的垄断来提升盈利能力。这或许就是溢美金融对中小旅游企业吸引力的原因所在。

第三步:涉足个人消费金融

"2B 和 2C 是分不开的。两者是一个循环体,连起来,才能变成一个商业模型。"通过四年的市场布局,溢美金融已经在 B 端市场占据了一席之地。2016 年,溢美金融对战略、模式和业务进行了升级。将此前仅面向企业客户的商旅资源、管理经验和服务体系,向用户开放,进军 C 端市场。

根据马洪亮的介绍,26~35 岁是溢美金融的主流用户,占总用户数的 70%,25 岁以下的不到 10%,36 岁以上的不到 20%。26~35 岁这个阶段的人群,有结婚生孩子买房的需求,有在社会上获得光鲜的需求。"大的东西有使用权,小的东西有所有权,符合这一阶段人群的消费习惯和消费心理。"

溢美金融的做法是基于场景,过渡到金融。即将金融产品植入到生活场景中,让用户在享受互联网金融理财带来的更高收益同时,获得更加丰富的生活消费体验。比如一辆玛莎拉蒂,没有多少人会花一百万去买,但是 90% 愿意花 2 万元开一个月。我们还让你分 12 个月还,每个月 2000 元,一年 2.4 万元,就是20%的综合收益率。资金成本按照年化6%~7%,差额还息甚至可以做到40%的收益率。

"再比如很多人觉得到欧洲旅游太贵,如果在我们平台上放十万块钱买理财,给5%的收益,送免费旅游,很多人都愿意去。需求就出来了。"

理财端的资金,我们给大量旅行社提供资金支持,形成良性循环。在马洪亮看来,这是一个门槛很高的行业,一是基于信用,二是需要跨界。"要把钱挣回来才能免费,要把不诚信改变诚信,这都是难题。"

金融的创新,是为了让老百姓有更好的生活。"把用户服务好了,用户就愿意买单。用户不是追求低价,追求的是性价比。"

第四步:做中国的美运通

溢美的目标,是成为和美国运通一样的垂直型金融服务公司。美国运通是全球差旅管理服务业的巨头,市值728亿美元。它是基于商务出行领域,需要资金垫付的行业特色,形成的信用卡业务,是全球最好的信用卡银行。它以运通卡为核心的业务,围绕食、穿、住、用、行、娱、购开展金融业务,形成了独特的盈利模型。目前是国际上最大的旅游服务及综合性财务、金融投资及信息处理的环球公司。

"美国50%的差旅由运通管理,50%运通持卡人都是优质企业的员工,坏账率极低。"据马洪亮介绍,目前,美国运通主要有三大块业务:一是包括信用卡和旅行支票在内的支付业务;二是商务旅行业务;三是为中小企业提供融资服务。我们做了差旅管理平台,对应运通的差旅管理;做了惠财富,针对员工个人的财富和信用管理；旅游金融，对应运通 SBC 卡，为中小企业融资。尽管双方顶层的商业架构相似，但实际落地的时候还有很大的差异，最典型的就是盈利模型。

运通的收入来源两大块：交易手续费、刷卡手续费收入。在美国交易手续费，每刷卡一笔，可以收 2.2% 的手续费，资金成本低于千分之二到三，中间利差就足够了。运通的 SBC 卡，可以在为企业提供垫资后收钱。而在中国，手续费和资金成本是倒挂的。所以不能靠以支付为核心的盈利模型。我们收的是服务费，帮助企业管理差旅，可以降低 10% 左右的成本，收 2% 的费用是正常的。另外，我们做资金垫付，收的也不是利息，而是一种联合运营的收益。

溢美金融选择的是一条旅游出行产业链金融服务的跨界路径，通过金融服务贯穿整个生态系统。在马洪亮看来，金融重塑传统产业的时机到了。通过金融的力量，改变消费结构，让大家获取美好生活的信心。

参考文献

[1] 宋华. 供应链金融[M]. 北京:中国人民大学出版社,2015.

[2] 张琳. 旅游行业投融资事件回顾:没有寒冬[EB/OL]. 亿欧网,2016-01-18.

[3] 2016年上半年国内在线旅游业融资Top10[EB/OL]. 界面新闻,2016-07-18.

[4] 默默滴走着. 2016年上半年我国旅游产业投融资概况[EB/OL]. 旅游投融资研究院,2016-11-14.

[5] 2016年下半年我国旅游产业投融资展望及建议[EB/OL]. 绿维创景,2016-12-01.

[6] 小毕. 产业探索之旅游行业:从资金来源角度看旅游金融发展模式[EB/OL]. 毕友网,2016-03-16.

[7] 孙才仁. 当前形势下如何借力金融创新做好旅游产业大文章[C]. 在晋城市理论中心组学习会上的讲话摘要,2015-10-10.

[8] 吴阳、薛明华. 关于商业银行健康发展旅游景区类企业信贷业务的几点思考[D/OL]. 中国论文网.

[9] 李孟菲. 国内旅游金融产品的发展现状与问题研究[J]. 商场现代化,2014(4):183-184.

[10] 旅游行业研究笔记30:当旅行恋上金融[R]. 华泰证券,2015-06-15.

[11] 赵月思. 基于第三方支付平台的旅游网站模式创新[J]. 当

代经济,2013(8):28-30.

[12] 林峰.资本时代的旅游投融资创新[EB/OL].旅交网,2016-09-01.

[13] 旅游金融产品层面缺乏竞争力[EB/OL].东方财经杂志,2016-03-17.

[14] 王一林.旅游金融创新的探索与实践[D].国际金融,2012-07-15.

[15] 王仕源.旅游景区融资发展困惑与解决方法[EB/OL].北京大地风景区管理有限公司,2016-10-22.

[16] 刘秀.旅游企业融资方式创新研究[D].华东师范大学,2014-05-01.

[17] 李修志.旅游企业信用探讨——以旅游企业的应收账款为例[EB/OL].维普网,2009.

[18] 戴斌.旅游市场主体在金融领域创新的可能与方向[EB/OL].中国旅游研究院,2016-03-31.

[19] 李方群.浅谈旅行社应收账款的管理[J].中国经贸,2015(4).

[20] 贺浪莎.商业银行为何越来越热衷于参与旅游服务市场？[N/OL].中国经济网——《经济日报》,2012-04-13.

[21] 杨洋.商业银行加速掘金旅游产业[N].金融时报,2016-11-10.

[22] 甄恺.商业银行旅游业信贷业务的发展机遇和风险控制思考[D].金融视线,2016.

[23] 探讨资本运营如何创新古镇旅游开发模式[EB/OL].圈圈网.

[24] 我国旅游企业现行的五种投融资方式[DB/OL].百度文库.

[25] 旅行见闻.一天授信!溢美金融解旅游中小企业主资金困局[EB/OL].搜狐公众平台,2016-09-27.

[26] 溢美金融介绍 来自溢美金融李爽提供

[27] 意路小跑.溢美金融如何帮旅游中小企业破资金困局[EB/OL].搜狐公众平台,2016-11-03.

[28] 张钧泓.在线旅游+金融:新收益点还是资本故事?[EB/OL].网易科技,2015-10-22.

[29] 佚名.在线旅游金融未来前景分析[EB/OL].信游天下网.

[30] 叶春明,赵宇华.中国旅游产业发展中的金融支持研究修改[D].金融理论与实践,2009-10-10.

[31] 廖理,王正位,张伟强,任静贤.中国消费金融现状与前景[J].中国银行业,2013(1).

[32] 王静伟.众筹旅游研究综述[J].农村经济与科技,2015,26(12):86-87.

[33] 崔俊超.中国文化旅游企业投融资模式解析[EB/OL].搜狐公众平台,2015-12-29.

[34] 溢美金融CEO马洪亮:企业级服务带来新的场景化金融机会[EB/OL].腾讯创业,2016-04-07.

[35] 肖翔.企业融资学[M].北京:清华大学出版社,2011.

[36] 深圳发展银行中欧国际工商学院"供应链金融"课题组.供应链金融[M].上海:上海远东出版社,2009.

后 记

2016年的一个活动上,我与溢美金融CEO马洪亮(以下简称老马)第一次相见,在这之前早就耳闻他对旅游金融有着自己独特的见解和观点,而且溢美金融已经深耕旅游供应链金融六年之久,可以说已经成为了这个行业不折不扣的"老炮儿"。

这次会面我们相谈甚欢,从行业的现状聊到产融结合,从产融结合聊到旅游金融的未来创新发展,其中很多的观点和想法,我们高度达成一致,双方主要共识如下:

迄今为止,银行信贷是中小企业最主要的融资渠道。但是,旅游业的中小企业很难从商业银行那里获得贷款。而旅游金融的核心就是产融结合,有效地解决中小企业融资难问题,将金融和产业进行高度融合实现共赢。

旅游金融给予了中小企业全新的融资工具,这在中小企业融资难背景下,对全国两万多家旅行社,几千万家产业链从业者具有了强大的现实意义;而对于资金供给方而言,降低了向中小企业放款的风险。这种多方共赢的生态系统,正是旅游金融未来的商业价值和发展方向。

同时,随着旅游产业核心企业的成熟,旅游产业链一体化发展方兴未艾,促使资金在旅游产业内的重新配置,使资本流向效益更高的企业和平台。满足了核心企业转型升级的诉求,通过金融服务,变现其产业链生态系统的价值。以此为基础,旅游市场要求金融机构以产业链为中心提供更为灵活、成本更

后 记

低、效率更高、风险可控的金融产品和融资模式。

而基于旅游产业链而形成的金融服务，它能够真正解决旅游产业的上中下游企业所面临的融资问题，实现了真正意义上的"闭环"，充分释放出旅游产业链金融的价值。

同时，他们在与旅游企业接触中发现，很多旅游业者觉得金融过于神秘，都是大企业的事，和自己没关系，所以大量旅游企业由于缺乏对于旅游金融知识的了解而白白失去了发展的大好良机。

老马和我都痛感非常有必要为中国几十万家旅游企业制作一个可以让他们了解和掌握旅游金融的原理、运行规律、方案设计、交易架构、操作流程、实务要点、实操中的疑难问题进行全方位诠释的教材，让广大中国旅游业者了解旅游金融、使用旅游金融工具，通过旅游金融实现企业的腾飞。

于是我们一拍即合，决定运用旅聘网的培训资源和溢美金融的专业力量出一本名为《旅游金融专家》的书籍。经过3个月旅聘网团队和溢美团队的闭关，终于在2017年的初春，我们把《旅游金融专家》书籍完成了定稿。我们希望和溢美金融一起，向百万旅业从业者发出邀请，共同聆听和探讨旅游金融行业的机遇与发展，希望这本书可以让百万的旅业从业者从中受益，去详细的了解如何在这个黄金大时代下解决自身融资问题，自身创新问题以及自身发展问题。

传统企业和互联网金融的结合已经被很多先行企业当成了一把利器，产融结合的时代已经到来！

曹 戈

2017 年 3 月

旅聘网简介

旅聘网是中国第一家专为旅游业提供岗位培训和人才招聘的机构。

2015年12月12日举办首届中国旅游业招聘大会。携程网、同程网、凯撒旅游、众信旅业等51家知名企业及全国5000名高校生、业者参会。

2015年12月,举办首届"中国旅游职业发展峰会"。

2015年,在北京第二外国语学院成立"旅聘职业教育发展基金"。

2015年12月,《旅游顾问》证书课程教材由旅游教育出版社正式出版。

2016年至今,与10余所高校签订校企合作协议,共建旅聘网实训基地。

2016年5月,与教育部"全国高等学校学生信息咨询与就业中心"合作举办"2016年旅游行业面向高校毕业生网上招聘周"。

2016年6月,与清华大学合作举办"旅游业新三板上市及投融资高级研修班"。

2017年,即将出版、上线《旅游金融专家》《游轮专家》《摄影旅游专家》《门店专家》《社群运营专家》《研学旅行专家》等旅游业岗位培训系列课程。

联系方式:
微信公众号:旅聘网
手机:1861 1616 218